日本の民俗信仰を知るための30章

八木透

淡交社

日本の民俗信仰を知るための30章 ❖ 目次

夏

冬

はじめに

本書は日本の民俗信仰に興味のある読者諸氏と、これから民俗学を本格的に学ぼうとする初学者のために編まれたものである。内容は書名が示す通り、日本各地の民俗信仰とその表象でもある年中行事に焦点を絞り、庶民のくらしと祈りのかたちについて、民俗学の立場からアプローチしている。

民俗学は、古臭くて小難しい学問のように思っている方がまだまだ多く見受けられるようだが、決してそうではない。民俗学は、現代社会の中に横たわる諸問題に目を据え、身近な日常生活を題材として、フィールドワークという手法を最大限に生かしながら、私たちのくらしの表裏に見え隠れするさまざまな事象の持つ意味を読み解いてゆく、とても魅力溢れる学問である。民俗学が扱う領域は非常に多岐にわたるが、本書では、私たちに身近な信仰や行事を紹介しながら、その背後に見え隠れする、古くから日本人の中に宿る神や仏に対する祈りの心を対象としている。

近年の私たちの身辺を改めて見渡してみると、季節を感じる機会、あるいは季節の節目を意識する機会が極端に減ったように思う。たとえば、最近の正月はかつてと比べると、ハレの演出があまりにも薄れてしまった。スーパーマーケットやコンビニは元旦から営業しているから、買い物にもまったく不自由しない。昔は正月といえばあらゆる店舗が休業し、買い物などできない状況だった。だからこそ、大晦日までにさまざまな食材や飲料を買い溜めしておかねばならなかったのである。そういえば、筆者は幼少の頃、大晦日の夜だけは父か母の布団にもぐりこんで眠った記憶がある。祖母が言うには、正月には掃除をしてはいけないから、少しでも埃がたたないように布団を最少限しか敷かないのだという。改めて考えると、あまり理にかなった説明ではないが、とにかく日常とは違った生活をすることにワクワクしたことを憶えている。正月に掃除をしてはいけない訳は、正月とは、本来は「歳神《としがみ》」を迎えて祀る、いわゆる神まつりの機会だったからにほかならない。すなわち、ハレの日には必ず何らかの神や仏が私たちの身近にやってきて、人々は神仏とともに食し、語り、そして祈ったのである。

季節ごとに行われる諸行事や社寺のまつりなど、私たちの身辺には多くのハレの日が存在する。しかし今では、ハレを意識することがどれだけあるだろうか。私たちのくらしはハレとケの繰り返しの中で営まれている。そして私たちがこの両者の区別を明確に意識することによって、日々の秩序が保たれているのである。くらしにはメリハリが必要だ。何の変化もなく同じようなくらしを続けていれば、肉体的にも精神的にも集中力を維持することはできないのは当然だろう。週に一度日曜日という休日があるように、一年の中にも、また人生の間にも、ハレが必要である。このように、くらしの中の諸行事やまつりは、私たちのくらしの中の秩序を築く上で、たいへん重要な役割を果たしてきたといえる。その秩序が、今や崩れようとしている。

世の中が便利になることはよいことだが、ハレとケの区別が曖昧になり、その結果、くらしの秩序に乱れが生じていることは大きな問題である。さらに、神や仏の存在が人間からどんどん離れていってしまうことも憂えるべき事態だ。ハレの日は単なる休み日ではない。人々がちょっと立ち止まって過去を回想し、未来への指針を模索するための格好の機会であるはずだ。今日のような時代だからこそ、私たちは改めてハレとケの意味について、また行事やまつりが果たしてきた役割について、今一度想いをめぐらせてみたいものである。

本書で取り上げたまつりや行事、その背後に見え隠れする神や仏たちは、二〇一五年から二〇一八年にかけて、浄土宗総本山知恩院が発刊している雑誌『知恩』に、「くらしのなかの祈り―仏と神をめぐる民俗誌」と題して、計三十六回にわたって連載した内容を元にしている。その編集において、一方ならぬお世話になった古鉄勝美氏に対し、この場をお借りして衷心より御礼を申し上げたい。

本書を紐解いていただいた読者諸氏が、本書の内容を通して、日本の神や仏たちはいつも私たちの身近にいて、日々のくらしの喜怒哀楽を見つめ、人々の祈りを受け止めてきてくれたことを理解していただけるとすれば、筆者にとってそれに増す喜びはない。

春

1 ❖ 旧暦と新暦

旧暦と新暦のちがい

現在私たちが日常使用しているカレンダーは「太陽暦（新暦）」とよばれ、地球が太陽の周りを廻る周期、すなわち太陽年を基礎として作られた暦である。日本をはじめ、世界の多くの国が採用しているグレゴリオ暦は太陽暦の一種である。ところが太陽年で計算して一年を単純に三六五日とすると、四年で約一日のズレが生じてしまう。このズレを解消するために、四年に一度「閏年《うるうどし》」を設けて二月二十九日を設けているのである。

日本では、明治時代初期までは一般に旧暦とよばれる暦を使用していた。これは正式には「太陰太陽暦」といい、一カ月の日数が月の満ち欠けする周期、すなわち朔望月《さくぼうつき》を基礎として決められ、太陽の運行による周期太陽年をもって季節を調節してゆく暦法で、陰陽暦あるいは陰暦ともいう。一朔望月は約二十九日半で、十二カ月では三五四日にしかならず、一太陽年に十一日ほど及ばない。そこで二年か三年に一度「閏月」を設けて、一年を十三カ月にすることで季節のズレを調整したのである。

新暦とのズレで季節が混乱

日本で旧暦から新暦に改められたのは明治六年（一八七三）のことである、すなわち明治五年の旧暦十二月三日を新暦明治六年一月一日とした。これが「改暦」とよばれる政策である。その結果、それまでとは全く異なった暦を政府から突然押し付けられた一般庶民たちの間では大きな混乱が生じることとなり、その後は長きにわたって、旧暦と新暦の双方が用いられることとなったのである。

旧暦と新暦とは、閏月が挟まると最大で五〇日近いズレが生じることがある。たとえば、二〇一八年三月一日は旧暦一月十四日にあたる。これは二〇一七年に閏月があったために四五日のズレが生じてしまった結果である。このまま月日が進んでゆくと季節感が大きく狂ってしまう。たとえば、七夕まつりを新暦七月七日に行うようになったがゆえに、その日は大雨が多く、天の川など見えないことが多い。それは当然であり、本来の七夕つまり旧暦七月七日は、新暦では八月中旬に相当するわけであるから、それなら一年でもっとも星がよく見える季節にあたるのである。このような旧暦と新暦のズレを何とか解消しようとして実施されるようになった試みが、一般に「月遅れ」といわれる行事のあり方である。すなわち旧暦二月の行事を新暦三月に行うという方法である。

「月遅れ」の例

具体事例を示そう。たとえば旧暦二月に多くの寺院で行われていた仏会は「涅槃会《ねはんえ》」であろう。旧暦二月十五日は釈尊が入滅した日とされ、この日に各寺院で行われるのが涅槃会である。ところが、近年では多くの寺院で新暦三月に涅槃会が行われている。このような例が「月遅れ」である。今日の京都では、嵯峨の清凉寺《せいりょうじ》や東山区の東福寺などの多くの寺院で新暦三月十五日前後に涅槃会が行われている。

ところで『十二月あそひ』と称する絵巻物（佛教大学蔵）がある。これは江戸時代初期に京都で行われていた主要な年中行事を、一月から十二月まで絵と詞書《ことばがき》で紹介した美しい絵巻である。いうまでもなく、当時は旧暦が用いられていたので、二月の絵には寺院の本堂に「涅槃図」を掛けて、そこへ多くの人々が参拝する様子が描かれている。しかし肝心の涅槃図がごく一部しか描かれていないので、

絵巻に描かれた涅槃会(『十二月あそひ』　佛教大学蔵)
図の左上に描かれている涅槃図は、兆殿司が応永15年に57歳で描いたとされる、著名な図である。この涅槃図には猫が描かれていることでも知られている。

この寺院がどこなのかはっきりとはわからない。ただ詞書の中に、「ことさら五山のうち東福寺の絵は、ちやうてんすとかやいへる法師のかきたりけん」という一文があることから、おそらくこの寺は東福寺ではないかと推測できる。

日本には多くの涅槃図があるが、中でも著名なものは「兆殿司《ちょうでんす》」の作という伝承を持つものである。兆殿司は本名を吉山明兆《きちざんみんちょう》といい、南北朝時代から室町時代に東福寺の画僧として活躍した人物である。彼は長い間寺院の清掃や香華《こうげ》の役割を演じる「殿司」の役についたので、通称「兆殿司」とよばれるようになった。東福寺所蔵の涅槃図は、兆殿司が十五世紀初頭の応永十五年(一四〇八)に五十七歳で描いたとされる、日本でも著名な涅槃図である。またこの涅槃図には猫が描かれていることでも知られている。釈尊入滅のとき、猫は遅れて到着したために十二支の中に入れなかったという逸話があるが、一説では、仏の使いが鼠であるので、それを食う猫は魔物であるともいわれている。少なくとも、猫が描かれた涅槃図はたいへん珍しいといえるだろう。

2 ❖ めぐり巡礼と御朱印

納経の証から参拝の証へ

近年では、全国の著名な社寺では大勢の参拝者たちが行列を作って御朱印を受ける姿が目立つ。西国三十三ヵ所や四国遍路《へんろ》などの札所《ふだしょ》寺院では、特にその傾向が際立っている。みごとな刺繍《ししゅう》を施した色とりどりの御朱印帳や、立派な軸を持参し、社寺をめぐって御朱印を集め歩く人たちが年々増加しているようだ。旅好きな日本人にとって、決められたいくつかの社寺を順番に巡拝しながら御朱印を収集して廻ることは大いなる楽しみであり、それがまた社寺参詣という原初的な旅の大義名分と直結しているだけに、現代の多くの老若男女を引きつけるのだろう。

筆者も今春には京都の知恩院で御朱印をいただいたが、授与所には長蛇の列ができていた。驚いた

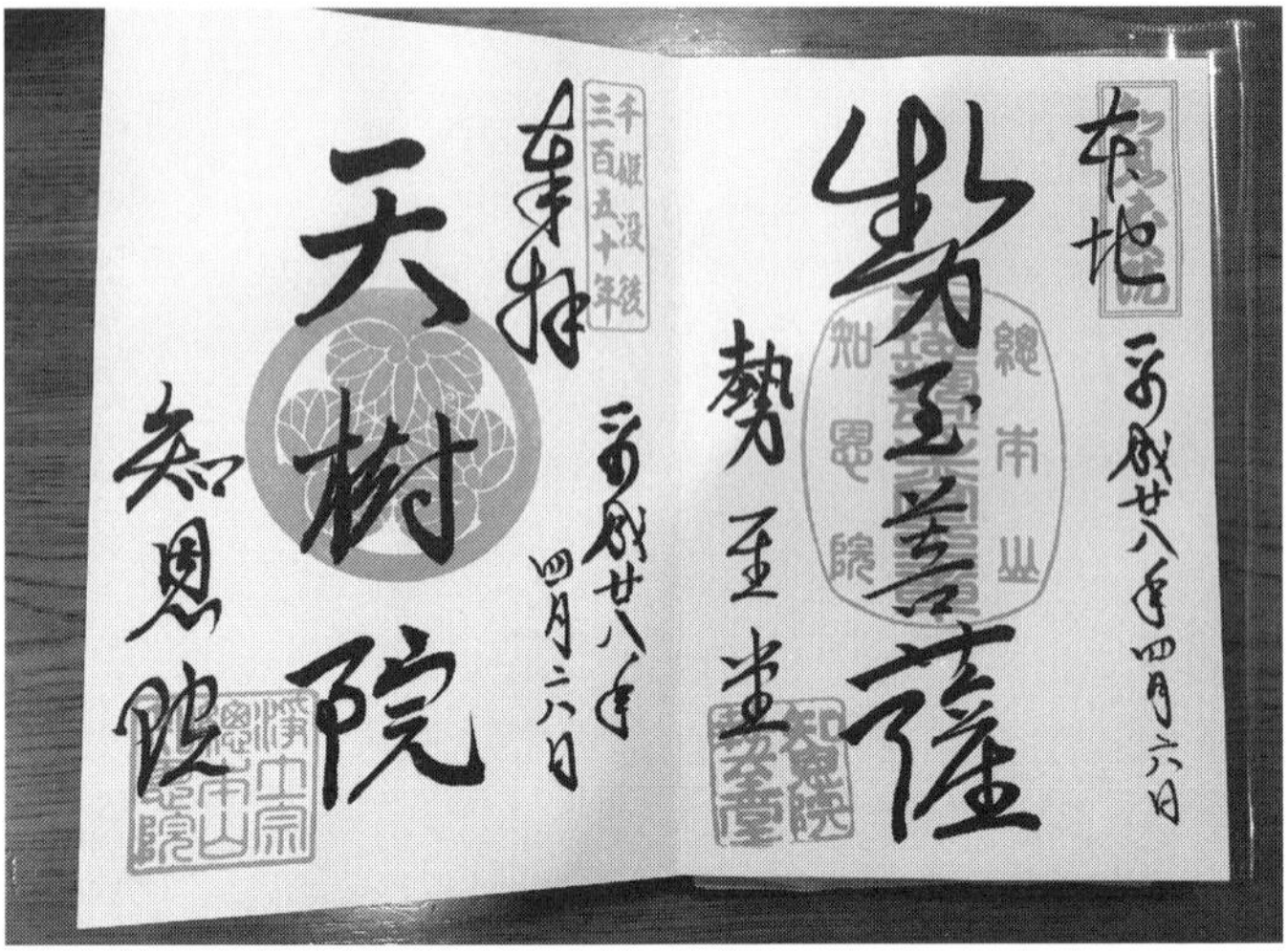

知恩院の御朱印
御朱印の魅力は、何といっても和紙に描かれた個性的なくずし字と、墨文字を浮かび上がらせるように押印された朱印とのコントラストである。

のは、御朱印を受けるために並んでいた半数以上が若い女性だったことだ。彼女たちは「御朱印ガール」などとよばれ、近年の御朱印ブームの牽引役を担っているという。しかし、なぜこれほどまでに御朱印人気が高まったのだろうか。

そもそも御朱印は、もとは寺院で写経しそれを奉納した証として授与されるものだった。今でも御朱印のことを「納経印」とよんだり、御朱印帳のことを「納経帳」とよぶのはそのためである。近世以降に社寺参詣が一般化し、それがやがて観光の旅と結びついて庶民による参詣が増加するようになると、御朱印本来の意味が忘れられ、経を納めなくとも単に社寺へ参拝した証として御朱印が授与されるようになる。またこのような慣習が後には神社にも影響を与え、明治時代には寺院と同様に神社でも参詣者に御朱印を出すようになったものと考えられる。

一方で、寺院の特別な年中行事に際して、参詣者に授与される呪符《じゅふ》としての御朱印も古くから存在した。その代表が牛玉宝印《ごおうほういん》である。牛玉宝印とは、主として密教系の寺院で新年の法会である修正会《しゅしょうえ》や修二会《しゅにえ》の際に、僧侶や参拝者たちに配られる厄除けの呪符である。中世には、牛玉宝印は第三者との契約を神仏に誓う際の起請文《きしょうもん》の料紙として用いられた。また今日でも、農村では牛玉宝印を田の水口に立てて虫除けにするなど、さまざまな呪力を有する民俗的色彩の濃い護符である。

明治時代になると庶民の社寺参詣は著しく増加し、その中で、やがて今日見られるような「御朱印帳」や「御朱印軸」が登場してくる。戦前にも西国三十三ヵ所巡礼や四国遍路、あるいは全国の天皇陵や一宮《いちのみや》を巡拝して御朱印を収集することは広く行われていたが、特に戦後になり、西国巡礼や四国遍路が新しい旅のスタイルとして定着するようになると、巡礼による御朱印収集は一つのブームとして大流行してゆく。由緒ある寺院に参詣し、仏の教えに近づくことで心の渇きを潤し、癒しを欲する心身を満たさんとするような旅のあり方は、現代日本人の旅志向を象徴しているように感じる。

さまざまなめぐり巡礼

日本人の聖地巡礼は、直線的な往復行為ではなく、基本的には〝めぐり〟という形をとることが多い。循環的移動がどうやら日本人の旅癖と合うのだろう。筆者はそのような日本人特有の巡礼形式を「めぐり巡礼」とよぶ。西国三十三ヵ所観音霊場や四国八十八ヵ所遍路を筆頭に、近世以降さまざまなめぐり巡礼の札所が作られた。たとえば西国三十三ヵ所を模したものとして坂東《ばんどう》三十三箇所霊場がある。これは神奈川県や東京都をはじめ関東地方の諸県にまたがる観音霊場で、源頼朝が発願《ほつがん》し、源実朝が西国霊場を真似て札所を制定したとする伝承を持つ。また西国三十三ヵ所と秩父三十四ヵ所とあわせて「日本百観音」ともいわれ、すべて巡拝し終えたら長野県の善光寺に参拝することが慣例とされている。

一方、四国遍路を模したものの中で比較的歴史のあるものとして、小豆島八十八ヵ所（香川県）や知多四国八十八ヵ所（愛知県）があげられるだろう。特に前者は「島四国」ともよばれ、小豆島の他に淡路島（兵庫県）や因島《いんのしま》（広島県）などの島々にも存在する。

日本人に古くから人気のめぐり巡礼のもうひとつの例が「七福神めぐり」だ。七福神は日本を代表する福神で、人々に福徳をもたらしてくれると信じられている神々である。七福神への参詣は、本来は恵方《えほう》参りと称して年頭にその年の恵方に位置する特定の社寺に詣でる、いわゆる初詣でとして行われていた。ところが江戸時代後期になると、江戸や京都などの都市部において、年頭に七福神を祀る七社寺をすべて巡拝して招福を祈願する、いわゆる「七福神めぐり」の慣習が一般化したと思われる。

御朱印ブームとパワースポット

めぐり巡礼が現代の新たな旅のスタイルとして普及してゆく背景には、神仏への純粋な信仰心や人々の心の癒しを叶える要素が多いということに加えて、やはり御朱印収集という目的がきわめて大きいように思う。めぐり巡礼において、対象となる社寺をすべて参拝し終わることを「結願《けちがん》」、あるいは「満願」などというが、その証でもある御朱印は、単なる旅の思い出や記録に止まらず、巡礼者たちに達成感を改めて体感させ、また満足感を擽《くすぐ》りながら、さらに新たな未知の巡礼の旅へと多くの人々を誘うのだろう。さらにそれを助長させたのが昨今のパワースポットブームである。パワースポットの定義はさまざまだが、共通する点としては、人を癒すとされる自然、特に水があったり、人に語りかけるとされる岩があったり、あるいは磁力を発する断層があったりすることとされている。また長い歴史を有することも重要な要素となっている。その代表的な対象が、伊勢神宮や出雲大社などの古社、あるいは高野山や比叡山延暦寺、京都の鞍馬寺などの由緒ある寺院である。このようなパワースポットブームに御朱印収集志向が覆いかぶさり、相乗効果を生み出して、ますますヒートアップしているように見うけられる。

日本における庶民たちの旅の原点である社寺参詣。それが今、パワースポットブームと御朱印収集というコレクションをともない、若い世代の人々を巻き込んで大流行の様相を見せている。その勢いを見る限り、この傾向は、しばらくは廃れることはないといえるだろう。

3 ❖ 悔過を目的とした裸踊り

全国に見られる新年の裸踊り

歳末には寺院において宮中の大祓《おおはらえ》に相当する行事が行われていた。それは「悔過《けか》」と称する仏教儀礼である。悔過とは、自ら犯した罪や過ちを悔い改めることを意味する。このような悔過を目的とした仏教儀礼は、実は新年にも行われていた。それは修正会《しゅしょうえ》、あるいは修二会《しゅにえ》と称する、新年の寺院行事においてである。中でも特に悔過に相当する儀礼は、何といっても「裸踊り」ではないだろうか。

京都では日野（伏見区）法界寺《ほうかいじ》の裸踊りが著名であるが、同様の儀礼は全国的に見ることができる。東北地方で知る人ぞ知る奇祭といわれる、岩手県奥州市の黒石寺蘇民祭《こくせきじそみんさい》では護符が入った蘇民袋を奪い合う。他にも、森の天狗から授かるとも伝えられている宝木を取り合う、岡山県西大寺の会陽《えよう》、牛《ご》玉札《おうふだ》を激しく奪い合う大阪市四天王寺のドヤドヤなど、あげれば枚挙に暇がない。

日野の法界寺は、女人信仰の寺としてよく知られた真言宗醍醐派の別格本山寺院である。法界寺薬師堂の本尊である薬師如来像は、別名「乳薬師《ちちやくし》」とも称される。このお薬師さんは出産と育児をめぐる信仰、とりわけ女性たちの授乳の願いを叶えてくれる仏として、古くから篤い信仰を集めてきた。このような女人信仰の背景には、乳薬師の中に収められた胎内仏《たいないぶつ》の存在が大きいように思う。胎内仏は三寸（約一〇センチ）ほどの薬師如来の小像で、一説には、天台宗祖・伝教大師最澄自彫の仏像であるとも伝えられている。胎内仏を抱いた薬師如来は妊婦の姿と重なり、そこから安産と授乳をめぐる女人信仰が根づき、一般に広まったものと考えられる。

かつては、出産後に乳が不足しがちな女性は薬師堂へ参籠《さんろう》し、住職から「乳米」とよばれる白米をいただいたという。この米を毎日三粒ずつ粥に混ぜて炊くと、やがて乳が出るようになったといわれている。授乳のご利益を授かった女性は、お返しとして一升の米を法界寺へ納めるものとされていた。また、後述する正月の裸踊りに使用された晒木綿《さらしもめん》の褌《ふんどし》は、現在でも安産の腹帯として用いられている。このような女性たちの民俗信仰に支えられ、法界寺は日野周辺に住む人々と深い繋がりを持ちながら今日に至っている。

裸は精進潔斎した姿

法界寺の小正月は裸踊りで大いなる賑わいを見せる。裸踊りは正月元旦から二週間にわたる修正会の結願《けちがん》日、すなわち正月十四日に行われる行事である。修正会とは、年のはじめに罪や穢《けがれ》を祓い、五穀豊饒や無病息災を祈願する寺院で行われる民俗行事で、滋賀県などではオコナイとも称される。正月に行えば修正会、二月に行えば修二会とよび分けられているが、行事内容に大差はない。いずれにおいても精進潔斎が最重視される行事で、厳重な精進の心が求められる。修正会の中心をなすのは、師走の行事と同様に悔過の儀礼である。本尊によって、「吉祥悔過」や「薬師悔過」などとよばれる。その意味で、法界寺の修正会は「薬師悔過」の行事であるといえる。

修正会の最終日である結願日には、種々の呪術的儀礼が見られるが、法界寺においては、参詣者たちに霊験あらたかな牛玉宝印《ごおうほういん》の授与が行われる。すなわち裸踊りの本義とは、男たちが精進潔斎の証として裸になり、祈願の象徴である牛玉宝印を奪い合う行為であるということができるだろう。

十四日、薬師堂の仏前には裸踊りの褌として使用される晒木綿と牛玉宝印が供えられる。また餅や花のほかに、人参《にんじん》・牛蒡《ごぼう》・大根を棕櫚《しゅろ》の葉で結んだ供物も並ぶ。これは「生御膳《なまごぜん》」とよばれ、法界寺

法界寺の裸踊り(京都市伏見区日野、写真:井上成哉氏提供)
男たちは両手を高く掲げて合掌しながら背中合わせになって揉み合い、「頂礼〈ちょうらい〉、頂礼」という掛け声を連呼しながら激しく床を踏みつける。

へ供物を届けた地域の家々へ、翌十五日にお返しとして配られる。かつては、裸踊りに参加できるのは旧日野村の住人だけであったが、近年は参加の範囲を拡大し、日野小学校区の人々はすべて参加できることになった。

夕刻より薬師堂では修正会の法会が営まれ、まず小学生たちの裸踊りが行われた後、いよいよ大人たちによる裸踊りが始まる。参加者たちは、境内の井戸で水垢離《みずごり》を取り、仏前に供えられた晒木綿の褌を着け、阿弥陀堂の広縁《ひろえん》にて、両手を高く掲げて合掌しながら背中合わせになって揉み合い、「頂礼《ちょうらい》、頂礼」という掛け声を連呼しながら激しく床を踏みつける。やがて法会を終えて僧侶たちが薬師堂から出てくると、かつては人々に向かって牛玉宝印が投げられ、男たちはそれを一斉に奪い合った。しかしこれはかなりの危険をともなうために今日では行われておらず、牛玉宝印は後で希望者に配布されることになった。

ところで、裸の男たちが奪い合う牛玉宝印とは、主として密教系の寺院で、修正会や修二会の際に僧侶や参拝者たちに配られる厄除けの呪符で、法会の最中に木版刷りされた紙に、牛の胆石《たんせき》である「牛黄《ごおう》」を混ぜた朱印を捺したものを意味した。法界寺では、印字された牛玉宝印に薬師如来の梵字《ぼんじ》を捺し、それを柳の木に挿して参拝者に配られたが、今では柳が入手しにくいことから、代わりに竹が用いられている。

柳は古くから呪力が宿る樹木とされ、牛玉杖といえば決まって柳が用いられた。牛玉宝印は、たとえば中世において、第三者との契約を神仏に誓う際の起請文《きしょうもん》の料紙として用いられたり、また農村では田の水口に立てて虫除けにするなど、さまざまな呪力を有する護符である。

裸と足踏みで悪鬼を撃退

裸踊りでは、牛玉宝印の奪い合いに加えて、裸で押し合いをしながら激しく足踏みすることにも注目する必要がある。これは修験道の影響を受けた「反閇《へんばい》」という所作からくるもので、大阪四天王寺の修正会が「ドヤドヤ」とよばれるように、床を強く踏むことで、地中の悪鬼を撃退する意味があったことも忘れてはならない。反閇を行うということも、男たちが裸になる大切な理由のひとつだったのである。このように、修正会に行われる裸踊りは、まさに正月に行われる悔過の儀礼であり、その意味では、宮中の大祓と同様の意味を有する儀礼だといえるのではないだろうか。

4 ❈ 修二会としてのお水取り

罪過を悔いあらためる悔過の行事

師走から二月にかけて、多くの寺院では「悔過《けか》」の行事が行われる。悔過とは、仏教において三宝（仏・法・僧）に対して自ら犯した罪や過ちを悔い改めることを意味する。さらに悔過を行うと同時に利益を得ることを目的として行う儀式・法要などの行事を指す場合もあるといわれている。対象となる本尊は、薬師如来である場合には「薬師悔過」、吉祥天《きちじょうてん》である場合には「吉祥悔過」、観音菩薩である場合には「観音悔過」と称される。平安時代中期には年末の悔過行事は徐々に衰退していくが、代わって年明けに行われる修正会《しゅしょうえ》や修二会《しゅにえ》などが悔過の行事として行われるようになった。

奈良の各寺院では、修二会の法会として悔過の行事が行われる例が多い。中でも東大寺二月堂で行

東大寺　二月堂（奈良市）

われる修二会、通称「お水取り」は関西の多くの人々に親しまれている。他にも、薬師寺の修二会は「花会式《はなえしき》」の名で知られる。また法隆寺や長谷寺《はせでら》でも同様の法会が行われる。これらの修二会は奈良時代半ばの八世紀に成立した悔過法要である。それぞれの本尊別に確立したもので、本尊の名前が付いているが、これはご本尊に対して悔過、懺悔《さんげ》をすることは自己の修行だけでなく、いっさいの人々と社会に向けて、世の人たちの救済に繋がるものとされる。そのために著名な僧侶を選び、あらゆる人々が犯した罪を償い、心身を清め本尊に対して礼拝行を行い、一日六回、本尊の周囲を巡る行道《ぎょうどう》を毎日繰り返すという苦行の側面を持つ。二月堂の修二会の本行は、かつては旧暦二月一日から行われたが、今日では新暦三月一日から十四日まで、二週間にわたって行われる法会で、ご本尊の十一面観音菩薩に対して懺悔をすることが目的である。

周辺各地より寄進される松明の材料

修二会のシンボルの行事に、二月堂の舞台で火のついた松明《たいまつ》を振り回す「お松明」がある。この松明は室町時代には長さが五〇センチくらいの小さなものであったというが、江戸時代に徐々に大きくなり、今のように巨大化して行われるようになったという。松明行事は本行の期間中毎日行われるが、十二日はひとまわり大きな籠《かご》松明が出る。この籠松明は他の日のものと比べて巨大であり、長さ八メートル、重さ七〇キロほどあり、バランスを取るために根が付けられている。松明の材料は周辺各地から竹送りとして送られてくる。三重県名張《なばり》市、奈良市内、奈良県生駒市高山地区、京都府京田辺市などの講やグループから寄進がある。

たとえば山城地域の京田辺市では、毎年二月中旬、観音寺近辺で早朝から周囲が三〇センチ以上ある真竹《まだけ》が掘り起こされる。このときに、掘り出しやすいように根を切り回したことから「根回《ねまわ》し」という言葉が生まれたといわれている。根付きの竹を七本掘り起こし、奈良の二月堂まで運ぶ。お水取りには合計二〇〇本以上の松明を使用するというが、そのうちの七本が京田辺から届けられるのである。観音寺で道中の安全を祈願して法要が行われる。二本の竹が拭かれ、竹を寄進した団体名と祈願内容が墨で書かれる。法要が終わると、観音寺前で整列をしていよいよ竹送りが始まる。竹は観音寺から車に乗せられ、京都府木津川市の奈良阪《ならさか》まで運ばれる。ここから大八車に竹を三本乗せ、あとの四本は大勢の人が担いで運ぶ。

若狭の「お水送り」

ところで、二月堂のお水取りに先がけて、若狭小浜（福井県小浜市）で毎年三月二日に「お水送り」が行われていることを知る人は少ないのではないか。東大寺二月堂のお水取りの水は、小浜を流れる遠敷《おにゅう》川の鵜《う》の瀬《せ》から送られて、十日かかって二月堂の「若狭井」に届くといわれている。まさにこの行事が「お水取り」といわれる所以《ゆえん》でもある。またこれは、奈良と若狭が古くから深い関係にあったことを示唆する行事だといえるだろう。

古代より、サバやカレイをはじめとする日本海の幸が、若狭から遠く飛鳥・奈良・京の都へと運ばれた。つまり若狭国は「御贄《みにえ》」、すなわち天皇に食材を提供する「御食国《みけつくに》」のひとつであったと考えられる。

東大寺を開山した良弁僧正《ろうべんそうじょう》は、小浜の下根来《しもねごり》出身とされ、大仏建立には当時若狭にて修行中の僧である実忠《じっちゅう》が招かれたという。実忠は良弁から華厳経を学び、天平勝宝四年（七五二）に東大寺二月堂を建立した著名な僧である。実忠には、笠置山《かさぎやま》で修行中に竜穴を見つけて中へ入ると天人の住む世界に至り、天人たちが行う十一面観音悔過法要を見て、これを下界でも修したいと思い、二月堂で修二会を始めたとする伝説がある。実忠がはじめて修二会を開いて全国の神々を招いたところ、遠敷明神が漁に夢中で時を忘れて遅刻してしまった。遠敷明神はそのおわびに、二月堂の本尊に供えるお香水《こうずい》を若狭から送ることを約束し、二月堂の下の岩をたたくときれいな水が湧き出したと伝えられる。そこでこの湧水を「若狭井」と命名したという伝説が残っている。

お水送り（福井県小浜市）
遠敷川の鵜の瀬に注いだお香水が10日後に東大寺二月堂の「若狭井」に届くとされている。

お水送りの神事は、午後一時から神宮寺本堂で修二会が営まれ、神宮寺遠敷明神宮前では弓打ち神事が行われる。午後六時頃からいよいよ「お水送り」が始まる。神宮寺本堂から僧が大松明を左右に振りかざす行が行われ、大護摩《ごま》に火が焚かれる。そして、山伏姿の行者《ぎょうじゃ》や白装束の僧侶らを先頭に、大護摩からもらいうけた火を手に、松明行列が二キロ上流の鵜の瀬へ向かう。鵜の瀬で護摩が焚かれると、白装束の住職が祝詞《のりと》を読み上げ、竹筒からお香水を遠敷川へ注ぐ。このお香水が十日後に東大寺二月堂の「若狭井」に届くとされており、よってお水取りは三月十二日に行われることになっている。

三月十二日午前一時、僧侶たちが松明に照らされながら二月堂南側の石段を下りて閼伽井屋《あかいや》（若狭井）へ向かう。大勢の参拝者の見守る中、閼伽井屋からお香水をくむ。お香水は桶に入れられて、榊を飾った担い台に載せられ内陣に運ばれる。お香水は本尊に供えられたり、供花の水として用いられる。

なお、東大寺修二会は天平勝宝四年以来、現在まで一度も途絶えることなく伝えられている「不退の行法」であるといわれており、二〇一九年三月で一二六八回目を数える。

5 ❖ 嵯峨清凉寺のお松明と大念仏狂言

愛宕山にゆかりの清凉寺

京都市右京区の嵯峨に清凉寺《せいりょうじ》という古刹がある。山号を五台山と称し、通称「嵯峨釈迦堂」とよばれて親しまれてきた寺院で、中世以来の「融通《ゆうずう》念仏の道場」としても知られている。宗派ははじめ華厳宗、後に浄土宗となる。本尊は釈迦如来で、開基は奝然《ちょうねん》、開山はその弟子の盛算《じょうさん》であると伝えられている。

清凉寺の歴史には、源融《みなもとのとおる》ゆかりの阿弥陀三尊を本尊とする棲霞寺《せいかじ》と、釈迦如来を本尊とする清凉寺という二寺が関係している。棲霞寺草創の後の十世紀末に、宋へ渡って五台山を巡礼した東大寺の僧である奝然は、宋へ渡航中に現地の仏師に命じて一体の釈迦如来像を造らせた。その釈迦像は、インドで釈尊三十七歳時の生き姿を刻んだといわれる栴檀《せんだん》の香木で作られた像が中国に伝えられているのを見て、その像を模刻して造られたものといわれている。仏像の完成時に、お顔から血が出て、実に生身の仏様であることを示されたと伝えられている。また「インド・中国・日本」と伝来したという伝承から、「三国伝来のお釈迦さま」ともよばれている。

奝然は永延元年（九八七）に日本に帰国後、京都の愛宕《あたご》山を中国の五台山に見立て、愛宕山麓にこの釈迦像を安置する寺院を建立しようと企てた。すなわち、都の西北に聳える愛宕山麓の地に拠点となる清涼寺を建立することで、相対する都の東北の比叡山延暦寺に対抗しようという意図があったといわれている。しかしその願いはかなわず、長和五年（一〇一六）に奝然は没する。そこで師の遺志を継いだ弟子の盛算が棲霞寺の境内に建立したのが、五台山清涼寺であるといわれている。

この釈迦如来像は、一般人とほぼ等身大の仏像である。縄目状の頭髪や同心円状の衣文の形式など、一見して日本の一般的な仏像とは異なる様式を示す。この釈迦像の模造は、奈良西大寺の本尊をはじめ、全国に百体近くあることが知られ、「清涼寺式釈迦像」とよばれる。またこの像の胎内からは、昭和二十八年に、造像にまつわる文書、奝然の遺品、仏教版画など多くの納入品が発見された。納入品のうち、特に「五臓六腑《ごぞうろっぷ》」（絹製の内臓の模型）は医学史の貴重な資料としても注目されている。

清涼寺のお松明（京都市右京区嵯峨）
清涼寺では、夜8時頃に大松明に火をつける。3本の松明は早稲、中稲、晩稲に見立てられ、その燃え方でその年の稲の豊凶を占う。

お松明の起源

上述のように、清涼寺は愛宕山と深い関係を有する寺院であることから、清涼寺にも愛宕にちなんだ火の行事が見られる。それが春に行われる松明行事である。清涼寺では毎年三月十五日に「お松明」という勇壮な火まつりが行われる。この行事は、大文字送り火、鞍馬の火祭と並んで、京都三大火祭の一つとして伝えられてきた。もとは旧暦三月十日から十五日にかけて行われていたというが、戦後には新暦三月十五日となった。境内で二丈、一丈九尺、一丈八尺の三本の大松明を立て、本堂内の涅槃図を供養した後、夜八時頃に大松明に火をつける。二丈の松明から早稲、中稲、晩稲にみたて、その燃え方でその年の稲の豊凶を占う。嵯峨お松明の歴史に関しては、直接にこの行事を伝える最も古い文献は文化三年（一八〇六）の『諸国図会年中行事大成』で、少なくとも十九世紀初頭には、今日とほぼ同様のお松明の行事が行われていたことがわかる。

ところで、清凉寺は近世の記録によると愛宕神社の神輿《みこし》は当寺に保管され、寺地は愛宕の神領であり、楼門には「愛宕山」と記されていたということから、当時の清凉寺は愛宕神社の神宮寺とみなされていたようだ。また松明行事は、近世期には愛宕の山中で行われていたともいわれている。この松明行事は、今日でこそ愛宕信仰との繋がりを示す要素がなくなり、涅槃会、あるいは稲の豊凶を占う年占《としうら》としての稲作行事であるかに理解されているが、かつては愛宕山の修験者たちにとっての愛宕への献火を意味する火まつりだったと考えられる。すなわち、修験道における春の峰入りに際して行われる火まつりであったと思われる。その意味では、夏に北山の山里で行われる「松上げ」などと同系統の修験の火まつりであったといえるだろう。

嵯峨大念仏狂言

清凉寺では、お松明に合わせて嵯峨大念仏狂言が披露される。大念仏狂言とは、もとは「大念仏会」

嵯峨大念仏狂言（清凉寺）
パントマイムである嵯峨大念仏狂言は、少なくとも江戸時代初期には清凉寺において、定例の行事として行われるようになっていたと思われる。

という寺院で行われた仏教行事に端を発し、やがてそこに狂言がともなうようになって発展してきた京都特有の民俗芸能である。清凉寺の大念仏の創始者は、鎌倉時代に京都で融通念仏を広めたといわれる導御《どうぎょ》上人で、この融通念仏が今日の大念仏狂言のルーツであるとも伝えられている。大念仏は、本来は僧侶が行う仏教行事であったが、戦国時代から江戸時代頃には一般民衆によって行われるようになり、それにつれて狂言がともなうようになっていったものと考えられる。

　嵯峨大念仏狂言の創始年代はよくわかっていないが、少なくとも江戸時代初期の十七世紀には、清凉寺において大念仏狂言が定例行事として行われるようになっていたようだ。たとえば十七世紀後半に書かれたとされる『日次紀事《ひなみきじ》』には、嵯峨大念仏狂言が三月に七日間にわたって演じられたとする記載が見られる。このように、嵯峨大念仏狂言は江戸時代から近年まで嵯峨を代表する民俗芸能として続けられてきたのである。

また嵯峨大念仏狂言は、もともと上嵯峨土着の住民によって伝えられた民俗芸能であり、その組織を「社中」と称していた。基本的には世襲制で、長男が父親の跡を継いで社中に加入した。また狂言の囃子方《はやしかた》と、笛以外の鉦方《かねかた》は、もとは清凉寺の大念仏を行う「大念仏講（鉦講）」とよばれるメンバーが担当していた。狂言が大念仏と深い関係にあった名残だといえる。なお、今日では嵯峨大念仏狂言は国の重要無形民俗文化財に指定されたこともあり、その活動と保存は「嵯峨大念仏狂言保存会」という組織が一切を担っている。

6 ❈ 疫神を鎮めるやすらい花

やすらい花の花傘
傘の下に入ると厄をのがれることができると伝えられていることから、人々はこぞって傘の下に入り無病息災を願う。

散りゆく花を鎮めるまつり

四月に入ると京都では桜花爛漫の季節を迎える。その桜花が散ってゆく時期に行われるのが「やすらい花」である。「やすらい祭」ともよばれるこのまつりは、京都市北区紫野にある今宮神社の摂社の疫《えき》神社の祭礼であり、太秦《うずまさ》の牛祭、鞍馬の火祭とともに「京の三奇祭」とされている。このまつりは、春に

やすらい花の踊り（京都市北区今宮神社）
赤と黒の長い髪を持つ4匹の鬼が鉦や太鼓をたたき、激しく跳びかいながら氏子地域を練り歩く。

蔓延する疫病を鎮めることを目的に行われるまつりであるといわれ、「花鎮めのまつり」ともいわれている。昔の人々は、桜花が散る時に疫病の原因とされた疫神も飛び散るので、疫病の根源を美しい花傘に集めて、疫神社に封じ込めようとしたのである。祭日は、現在では四月第二日曜日とされているが、かつて旧暦では三月十日、新暦では四月十日に行われていた。やすらい花は京都のまつりのさきがけともいわれ、この日の天気によって祇園祭をはじめとするその年の京都のまつりの天気を占うものでもある。

　このまつりの一番の特徴は、春の草花で美しく飾られた大きな傘である。この傘は花傘、風流《ふりゅう》傘などとよばれ、この中に入ると厄をのがれることができると伝えられてきた。今日でも花傘が町内にやってくると、人々はこぞって傘の下に入り無病息災を願う。また赤毛・黒毛をつけた四匹の鬼が鉦《かね》や太鼓をたたき、跳びかいながら氏子地域を練り歩く。いくつかの史料によれば、やすらい花の起源は平安時代末期の久寿元年（一一五四）であると考えられ、「春の気（疫神）に当たらないことを祈るまつり」であると解されている。

ところで、仏教民俗学という領域を開拓したことで著名な民俗学者である五来重《ごらいしげる》は、やすらい花と法華会《ほっけえ》との繋がりを示唆する興味深い研究を残している。それはすなわち、近世初期に高雄山法華会に何らかの障《さわ》りがあったために、やすらい花が行われたというものである。五来によれば、法華会とは「法華八講《はっこう》」ともいわれ、法華経八巻について講ずる僧侶のための研修会であったが、しだいに死者の生前の罪業《ざいごう》を滅して死後の安楽を目的とするようになっていったという。いうならば非業《ひごう》の死を遂げた人々のための供養の意味を帯びていったとされる。ここに「御霊会《ごりょうえ》」との融合が見出せるのである。さらに人々は法華経を「法《のり》の華《はな》のお経」と理解したために法華会と鎮花祭が結びついたとする、たいへんユニークな考えを説いている。

御霊を都外に追放する

そもそも今宮神社がある「紫野」は近隣の「船岡」や「蓮台野《れんだいの》」とともに、平安時代からの葬地であった。

正暦五年（九九四）の疫病の猛威ははなはだしく、五位以上の貴族だけでも死者六十七人を数えたという。また六月十六日には疫神が町を横行するとのうわさが飛び交い、貴族から庶民まで門戸を閉ざし、都大路の路上から人影が消えるという事態になった。二十七日に至って紫野船岡山で御霊会が盛大に営まれた。

御霊会とは、非業の死をとげ、この世に未練や恨みを持つ死者の霊魂が疫病を振りまくという思想から、それらの荒ぶる霊魂を歓待し、慰撫することによって災厄をもたらさぬように都の外へ送るために行われた仏教儀礼である。このときの御霊会では、朝廷が新調した神輿《しんよ》二基が安置され、幣帛《へいはく》を持った人々が群れ集まって、御霊の供養が行われた。最後に、幣帛を神輿に移して「難波《なにわ》の海」まで送ったといわれている。この幣帛が御霊たちの依代であり、御霊は幣帛に依って京中から集められ、神輿に乗せられて都の外へ追放されたのである。このように、「御霊会」としての性格を有した高雄山法華会と、紫野御霊会が結びついて紫野疫神社を拠点としたやすらい花が定着していったものと考えられる。

犬吠森念仏剣舞（岩手県紫波町）
大傘の激しい踊りをともなった念仏踊りとして知られており、やすらい花の踊りとの共通性が見られる。

「念仏踊り」は死者の鎮魂が目的

ところで、やすらい花の踊りは「念仏踊《ねんぶつおど》り」である。念仏踊り（あるいは踊り念仏）は災害や疫病などで多数の死者が出た場合などに、その鎮魂のために行われた。踊り子が乱舞しながら強く地面を足踏みすることによって死者の荒ぶる怨霊《おんりょう》を鎮め、封じ込めようとしたのである。東北地方、特に岩手県には京都から伝わったとされる種々の念仏踊りが見られる。たとえば岩手県北上市の「鬼《おに》剣舞《けんばい》」は関西でも著名であるし、また同県紫波《しわ》町の「犬吠森《いぬほえもり》念仏剣舞」は、大傘の踊りをともなった風流豊かな念仏踊りとして知られている。

やすらい花に登場する花傘に飾られた花は、まつりの後には人々が争うように持ち帰り、病のときにそれを煎じて飲んだという。また鬼が履いた草履をまつりの途中で自分が作ったものと履き替えてもらい、鬼の草履を玄関先に吊るしておけば疫病除けになるとも信じられている。さらに、かつては病人が出ると鬼の着物を借りてきて、病人に掛けると病が治ったとする伝承もある。このように、やすらい花をめぐる種々の伝承から、古くからこのまつりが病封じ、疫病払いの意味を有するまつりであったことが偲ばれる。

7 ❖ 端午の節供は「女の家」

神への供物が節供の起源

今日でこそ五月五日は「子どもの日」という名の祝日とされているが、本来この日は「端午《たんご》の節供《せっく》」である。そもそも節供とは、一年のうちの重要な神まつりの日であり、決められた供物を神に供えて神と人が共食するための日であった。ゆえに昔は「節供」と表記された。また「節会《せちえ》」・「節日《せちび》」と称することもあった。このような本来の意味が徐々に忘れられ、やがて江戸時代末期頃から「節句」という表記が現れ、明治になってそれが定着して今日に至っている。今日でも正月の料理を「おせち料理」というが、これは節供に特別な料理を作って神に供え、そのお下がりを人々がいただくという本来の意味を今に伝える言葉である。

正月七日の人日《じんじつ》、三月三日の上巳《じょうし》、五月五日の端午、七月七日の七夕、九月九日の重陽《ちょうよう》を「五節供」といい、平安時代に中国から伝わったもので、それが江戸時代になって民間に広まったといわれている。たとえば人日は「七日正月」ともいい、七草粥を炊いて祝う風は今日でも広く見られる。上巳は「桃の節供」・「雛《ひな》節供」ともいい、今日では女子の節供として定着している。この日は雛人形を飾り、草餅や白酒を作って祝う。端午は「菖蒲《しょうぶ》の節供」ともいい、一般には男子の節供だとされている。この日には柏餅《かしわもち》や粽《ちまき》を食べる慣習が見られる。七夕は、中国から伝わった「乞巧奠《きっこうでん》」の伝承と日本の「棚機女《たなばたつめ》」の信仰が習合したものと考えられる。すなわちこの日は星祭の日とされ、牽牛《けんぎゅう》と織女《しょくじょ》の二つの星が出逢う日である、あるいは少女たちが星に

絵巻に描かれた端午の節供（『十二月あそひ』　佛教大学蔵）
江戸時代には鯉のぼりはなかったので、絵巻には幟と吹流しが描かれている（50ページの部分）。

技芸の上達を願うという伝承が聞かれるが、日本では、七夕は「七日盆」ともいわれて盆行事の一部でもあった。この日は索餅《さっぺい》という餅を食べることが習わしとされていた。重陽は「菊の節供」ともいい、菊酒や栗飯を食べる日であるとされている。

節供は今日でいう「祝日」に相当する日であり、だから当然のことながら昔の節供は休日であった。「怠け者の節供働き」という言葉がそのことを如実に物語っている。改めて考えてみたら、今日、五節供の中で祝日は五月五日の端午だけである。残りの四日もぜひ祝日にすべきだと考えるのは筆者だけではあるまい。

端午は女性のための節供

ところで、端午の節供の象徴ともいえる鯉のぼりとは、よくよく考えてみると、これほど不思議なものはない。そもそもなぜ魚が空を泳がねばならないのだろうか。鯉のぼりの起源はいったい何なのだろうか。この謎を解くためには、端午の節供の変遷を探らなければならないだろう。五月五日の端午の節供は男子の節供であり、鯉のぼりを立てる他に、粽《ちまき》を食べたり武者人形を飾ったりする。また菖蒲湯に入ったり蓬《よもぎ》餅を作って食べたりもする。一方で端午の節供は「女の家」ともよばれ、この日は女がいばれる日であるとか、女は仕事をせずに遊べる日であるなどの伝承が広い地域で聞かれる。男子の節供であるはずの端午の節供が、なぜ「女の家」とよばれるのだろうか。

旧暦五月、すなわち「皐月《さつき》」は、古くは田植えのための重要な月であり、端午は田植えを行う女性たちが田の神を迎えて祀るために忌籠《いみごも》りをして精進潔斎《しょうじんけっさい》する日ではなかったかと考えられる。つまり「女の家」の伝承は、田植えという農民たちにとってきわめて神聖な行為を担う女性たちが、菖蒲や蓬などの厄払いの効用のある植物で屋根を葺いて籠ったり、菖蒲湯に入って禊《みそぎ》を行った名残なのである。

鯉のぼりのルーツ

それならば、女性のための節供がいつどのようにして男の節供にすり替わったのか。また武者人形

端午の節供の幟
佐賀県や長崎県の一地域では、男児の初節供に、親戚が鯉のぼりならぬ色とりどりの幟を贈る習慣がある。

や鯉のぼりはどのようにして生まれたのだろうか。

結論からいえば、それは「菖蒲の節供」がいつしか「勝負の節供」・「尚武《しょうぶ》の節供」にすり替えられたからではないかと思われる。その時期は、日本において男性中心の社会が定着する中世後期から近世にかけてだと考えられる。つまりかつての端午の節供の意味が忘れられて、言葉の語呂合わせによって女の節供が男の節供にすり替わったのである。

そうだとしても、鯉のぼりという奇妙な物体はどのようにして生まれたのだろうか。基本的に江戸時代に鯉のぼりは存在しない。鯉のぼりが誕生するのはおそらく江戸時代末期から明治

鯉のぼりの吹流し

初期にかけてであろうと思われる。その背景には端午の節供に立てられた幟《のぼり》と、江戸時代の武士たちが端午の節供に飾った「武者絵」があったと考えられる。

福岡県西南部から佐賀県、長崎県にかけての地域では、男児の初節供に、親戚が鯉のぼりならぬ、色とりどりの幟を贈る習慣がある。幟は神社のまつりの日に立てることからも、本来は神の依代であったことは想像に難くない。おそらくこれは、昔は田植えを行う女性たちが忌籠りをした場所に幟を立てて、田の神を迎えたことに由来するのではないかと思われる。しかし武家社会の幟は男子が逞しく成長するように願って贈られたのであるから、そこには武者絵や立身出世をイメージする様々な絵が描かれていた。その中に鯉の絵もあったのではないだろうか。鯉は長寿であり、滝を溯って龍になるという伝承もあることから、きわめて力強い魚の象徴として、男子に贈る幟の図柄として好まれたのだろう。

しかし幟の図柄としての鯉が、今日の鯉のぼりに変化するためにはもうワンクッションが必要である。それは鯉のぼりの先端に付いている鯉ではないもの、すなわち「吹流し」である。吹流しは、戦国時代には軍の陣地を表す標識であり、また聖域を示す標識としても使用されてきた。この吹流しがいつしか鯉に変身したものこそが鯉のぼりなのである。この変身には、相当奇抜な発想と商的センスが働いただろうと思うが、いずれにせよ鯉のぼりはやがて日本全国に広まり、端午の節供には欠かせないものになっていったのである。

8 賀茂祭と水への祈り

水への感謝と畏怖

京都という地に長く暮らし、毎年のように京のまちで繰り広げられるまつりや行事を見てくると、いろいろ興味深いことがわかってくる。たとえば、一年を通して京のまつりを概観すると、春から夏にかけて行われるまつりには、水をめぐる信仰が随所に見え隠れしていることに気づく。それは、ひとつには田植えの季節である春先に豊かな水を求めた人々の想いと、もうひとつには、梅雨時の河川の氾濫と疫病流行への不安、さらに水に対する畏怖の念の表象として、古い時代には京の都の水を差配することを目的として、種々のまつりが行われていたことを示唆するものではないかと思われる。

全国的にも名が知れた葵《あおい》祭や祇園祭はその象徴であり、京の春から夏のまつりを代表する二大祭礼は、

葵祭の斎王代(写真:井上成哉氏提供)
平安時代の9世紀初頭に、嵯峨天皇が有智子内親王を斎王としたのが賀茂斎院の始まりと伝えられている。

根底に庶民の切実なる「水への想い」を隠し持つまつりであると考えることができる。

五月十五日に行われる葵祭、正式名称・賀茂《かも》祭は、日本最古のまつりといわれる。平安時代には「まつり」といえば「賀茂祭」を指したという。賀茂祭の起源について『山城国風土記』逸文《いつぶん》によれば、六世紀の欽明《きんめい》天皇の時代に、天候不順によって作物の生育が悪く、大凶作が続いて農民たちが憂い悲しんでいることを察した天皇が神官に占わせたところ、賀茂大神の祟りであることがわかった。そこでただちに賀茂大神の祭祀を盛大に行った結果、天候が回復して、また五穀が無事に実り豊作となった。それ以来、賀茂大神は雨や河川を司る神、さらに農業、諸産業の守護神として崇敬を集めるようになったといわれている。

山の神との間に生まれた雷神

賀茂大神を祀るのが上と下の賀茂社、すなわち今日の上賀茂神社（北区）と下鴨神社（左京区）である。賀茂社は古代豪族である賀茂氏の氏神として、平安京造営以前からこの地に祀られてきた古社である。代々賀茂社に奉斎した賀茂氏は、八咫烏《やたがらす》に化身して神武《じんむ》天皇を導いたと伝えられる賀茂建角身《かもたけつぬみの》命《みこと》を始祖とする。すなわち、賀茂建角身命は神武天皇を先導した後、大和の葛城《かつらぎ》を通って山城国へ至ったと『山城国風土記』逸文に記されている。

両賀茂社のうち、上賀茂神社は正式名称を賀茂別雷《かもわけいかづち》神社といい、その祭神は雷神である。古来雷神は龍神としてもイメージされてきたように、雷は雨をもたらす力を有している。このような強いエネルギーを持つ雷神は、農作物の豊饒をもたらす農耕神でもあるといえよう。

『山城国風土記』逸文によれば、賀茂建角身命の娘の玉依日売《たまよりひめ》が、賀茂川畔で戯れていたところ、上流から美しい丹塗矢《にぬりや》が流れてきたので、日売がその矢を持ち帰って寝床に置いたところ、翌朝懐妊し、その結果産まれたのが賀茂別雷命であると記されている。男性の象徴ともいえる丹塗矢の正体は、山の神であるとも伝えられている。この神の出生はまさに水と深く関わっている。すなわち水源で祀られる山の神と、下流で水の神を祀る巫女、つまり玉依日売との結婚によって産まれた神が「賀茂別雷命」であり、そこには基本的な性格として水の神としての神格が備わっているといえる。またこの神は成人すると、屋根を突き破って天に昇ったとも伝えられており、これは雷神としての放電をイメージさせるものでもある。一方下鴨神社、正式名称・賀茂御祖《みおや》神社には、玉依日売とその父の賀茂建角身命が祀られている。以上のことから、賀茂祭は一種の農耕祭礼であり、その基盤には明らかに水の信仰が存在することがわかる。

鴨氏は京都の水の番人

下鴨神社の南に広がる糺《ただす》の森は、古来清らかな水が湧き出る京の水源である。ここは賀茂川と高野川の合流点にあたり、今日でも滾々と地下水が湧き出ている。そのような場所に祀られた神は、まさに水源神だといえるだろう。

今日でも下鴨神社の境内には地下水が湧きでる御手洗池《みたらしいけ》という泉があり、毎年土用の丑の日（七月下旬）には、「みたらし祭」と称して、老若男女が御手洗池に足を浸して、罪やケガレを祓うとともに

賀茂川（左）と高野川（右）の合流点（京都市左京区出町柳）

に、無病息災を祈願している。さらに現在でも下鴨に住まいして賀茂社に社家として奉仕している、鴨氏の末裔とされる家々に伝わる伝承では、近世末までは、鴨氏は社家として神社に奉仕するとともに、御所へも仕えていたという。鴨氏が御所から命じられていた役割、それは京の水を司ることであったといわれている。京の水源に住まいしながら、御所の水をも差配した鴨氏は、換言すれば京の水の番人であったともいえるだろう。

人々の水に対する想いとは、具体的にはいかなる願いであろうか。水への祈願は大きく二つが考えられる。ひとつは雨乞いに代表される、いわゆる「祈雨」、すなわち水を乞うこと。今ひとつは多すぎる水を鎮めること、いわゆる「止雨」、すなわち川の氾濫への畏怖からくる切実な願いである。これらの相拮抗する二つの願いは、まさに旧暦四月に行われるべきまつりに込められた、人々の切実な祈願であったということができよう。

ところで、平安時代には未婚の皇女を神のお使いとして遣わす慣例があった。この皇女は「斎王《さいおう》」といい、神に仕えてまつりに奉仕した。このような例は伊勢と賀茂だけに見られる。伊勢の斎王は斎《さい》宮《ぐう》、賀茂の斎王は斎院《さいいん》と呼びならわされた。

平安時代初期の九世紀初頭、平城《へいぜい》上皇が弟の嵯峨天皇と対立し、平安京から平城京へ都を戻そうとするできごとがあった。このときに嵯峨天皇は、平安京の守護神とされていた賀茂大神に「我に利を与えられれば、皇女を阿礼《あれ》少女《おとめ》として捧げる」と祈願したという。その結果、薬子《くすこ》の変で嵯峨天皇は勝利し、天皇は約束通りに第八皇女の有智子《うちこ》内親王《ないしんのう》を賀茂斎院としたのが始まりと伝えられる。以後、約四百年間に三十二代、三十五人の斎王が立てられた。その後途絶えていた斎王の制度が、民間の協力を得て復活したのは戦後の昭和三十一年（一九五六）のことである。それ以降は京都市民の中から「斎王代」の女性が選ばれて、賀茂祭に奉仕している。

夏

9 ❖ 茅の輪くぐりでケガレを祓う

溜まった罪・ケガレを祓う

六月の下旬には多くの神社で「夏越祭《なごし》」が執り行われる。これは「大祓《おおはらえ》」の行事のひとつであり、正月から半年の間に私たち人間の身体や心、さらには衣服や家屋などに溜まった罪やケガレを祓うことを目的として行われる、きわめて象徴的な宗教儀礼である。そもそも「大祓」とは、師走と六月の末に行われる除災を意図した年中行事で、師走の大祓を年越の祓、六月の大祓を夏越祓とよぶ。また六月の大祓は「六月祓」とよばれることもある。

大祓は、八世紀初頭に編纂された大宝律令によって宮中の正式な行事と定められた。六月晦日には宮中で貴族たちが「大祓祝詞《のりと》」を読み、人々が犯した罪やケガレを祓ったといわれている。衣服を毎

八坂神社夏越祭の茅の輪くぐり

日洗濯したり、頻繁に風呂に入る習慣がなかった古代において、雑菌が繁殖しやすい夏を前にして、衣服を新調して心身を清らかにすることで、疫病を予防するという現実的な意味もあったものと考えられる。このような大祓の行事がやがて庶民にも広まってゆき、近代以降には多くの神社で夏越祭として行われるようになった。

　夏越祓では、多くの神社で「茅《ち》の輪《わ》くぐり」が行われる。これは茅《ちがや》で作られた大きな輪の中を、左まわり、右まわり、左まわりと八の字に三回くぐってケガレを祓うものである。また茅の輪を腰に付けていることで災厄から免れられるとする信仰もあり、夏越祓では茅の輪が付きものである。その背景には、茅には神秘的な呪力が宿るとする伝承があり、それが京都の夏祭りとして全国的に著名な祇園祭の「ちまき」に結びついていったものと思われる。さらに、神社では紙で作った「人形《ひとがた》」に名や年齢を書き、これで身体を撫でて自らのケガレを移し、河川に流す行事が行われる。これは禊《みそぎ》の行事が形式化したものと考えられる。

ちまきと蘇民将来伝説

茅の輪に備わった呪力をめぐっては、「蘇民将来《そみんしょうらい》」伝説について説明をする必要があろう。それは昔、インドの祇園精舎《ぎおんしょうじゃ》の守護神である牛頭天王《ごずてんのう》が南海へ旅する途中に日が暮れ、ある村で一夜の宿を求めた。裕福な巨旦《こたん》将来という者は牛頭たち一行を門前払いするが、貧しい蘇民将来という者は一行に宿を貸し、食事も提供して丁重にもてなした。やがて牛頭一行が凱旋する時、その村の住民たちを皆殺しにするが、心やさしい蘇民将来の家族とその子孫だけは助けた。その時に牛頭が蘇民将来に授けた護符が茅の輪であったという。その茅の輪に「蘇民将来子孫」と記した護符を添えて持っていれば、あらゆる災厄から逃れられるとする信仰が日本へも伝わり、六月晦日の夏越祓と結びついて「茅の輪くぐり」の習俗が作られた。一方で厄除けのお守りとしての護符が、今日でも祇園祭に欠かすことのできない「ちまき」になったとされている。ちまきは漢字では「粽」という文字をあてているが、

綾傘鉾のちまき作り
京都では6月下旬に各山鉾町ではちまき作りが行なわれる。ちまきは笹と茅で作られる。

本来の意味からすれば「茅巻《ちま》き」と表記すべきものだったのである。

日本神話や各地の「風土記」では、蘇民将来に万能のお守りである茅の輪を授けたのは、牛頭天王ではなく「武搭神《むとうしん》」という神の説話として記されている。武搭神は自らを「スサノヲ」だと称していることから、おそらく中国もしくは朝鮮半島で作られた説話が日本へ移入され、それが日本神話とも習合して語られてきたものであろう。武搭神は、やがてインド「祇園精舎」の守護神である牛頭天王へと変化して語られるようになり、それが祇園御霊会《ごりょうえ》と結びついて、茅の輪の呪力を示す語りとなり、祇園祭に欠かすことができない「ちまき」となって定着したものと思われる。祇園祭に各山鉾町で授与されるちまきには「蘇民将来子孫之者也」と記した護符が添えられているものが多いが、それは先述の蘇民将来説話に因み、この護符を玄関先に掲げておくことで、さまざまな災厄が家の中に入ることを防ごうとしたのである。

夏越祓と水無月

ところで、京都では夏越祓に「水無月《みなづき》」というお菓子を食べる習慣がある。水無月は白のウイロウ生地に小豆を乗せ、三角形に切った京都ならではの和菓子である。水無月にのせられている小豆は、悪魔を払う呪力があるといわれており、三角の形は暑気を払う氷を表しているともいわれている。

旧暦六月朔日《ついたち》は「氷の節供」または「氷の朔日」ともよばれ、この日には、御所では氷室から氷を取り寄せ、天皇や貴族たちが氷を口にして暑気を払ったといわれている。氷室とは冬の氷を夏まで保存しておく場所で、山間の地下など涼しいところを利用して作られた。京都市北区の西賀茂から数キロ山へ入ったところには氷室《ひむろ》という名の集落があり、今日でもかつての氷室跡が残っている。かつてはこの北山の氷室から宮中に氷が献上されたという。宮中では氷室の氷の解け具合によってその年の豊凶を占ったともいわれている。当時は氷室の氷を口にすると夏痩せしないと信じられ、貴族たちにも氷片が振舞われた。しかし、庶民にとっては夏の冷水はとても貴重で、ましてや氷など簡単に入手できるものではなかった。そこで、宮中の天皇や貴族たちにならって氷をかたどったお菓子が作られるようになったという。それが水無月である。

今日では家庭の冷蔵庫でも簡単に氷を作ることができ、私たちは年中、冷たい氷を口にすることができる。しかしかつては、確かに夏の氷は大層貴重なものだっただろう。

10 ❖ 祇園祭をめぐる二つの謎

鴨川の怪物

日本三大祭りのひとつで、歴史や規模において日本を代表するといわれる京都の祇園祭には、その意味や解釈に苦しむような実に不思議な伝承や儀礼が多く見られる。今回はその中から、人々の水への特別な想いを示唆する二つの謎をご紹介したいと思う。

筆者が幼い頃、祇園祭が近づいてくると、毎年のように祖母が語り聞かせてくれた何とも奇妙な話がある。それは、雨が続いて鴨川の水嵩が増してくると、四条大橋あたりにマンモスとも巨大な象とも思しき恐ろしい怪物が現れて、ゴーゴーと水しぶきを上げて川の中を歩き回るという。その姿は誠に恐ろしいので、子どもは決して川に近づいてはならないというのだ。筆者は祇園祭の季節になると、毎年この話を思い出しては何とも言いようのない不気味な、不安な気持ちになったものだ。明治二十年代生まれの祖母は、四条新町で近世から続いた白生地問屋のお嬢様として育った女性である。そんな祖母の話は、おそらく京都で古くから語り継がれてきた昔話に相違ない。それにしても、増水した鴨川を歩き回るマンモスのような怪物とは、いったい何なのだろうか。そもそもこの話は、何を子どもに伝えるために語られるようになったのだろうか。大人になって、祇園祭のお世話役をするようになっても、鴨川のマンモスの話はずっと私の記憶の中に残り、いつかその正体を突き止めてみたいと思い続けてきた。

その機会が、二〇〇七年の祇園祭の季節に訪れた。七月十三日の『京都新聞』朝刊の「ふるさと昔語り」の記事を見て、筆者は思わず「これだっ」と叫んだ。そこには「桂川の怪」というタイトルで、かつて祖母が筆者に聞かせてくれたマンモスとほぼ同様の話が記述されていたのである。この記事には、右京区太秦《うずまさ》に住む女性が、戦時中に祖母から聞いたとして、「雨降りの前後は桂川のそばへ寄ったらあかん。もやがかかり、えたいの知れん恐ろしいもんがでるんや」という話が紹介されていた。この「えたいの知れん恐ろしいもん」の正体については、近世後期に梅宮《うめのみや》大社の神職であった橋本経亮《つねあきら》が記録を残しており、そこには「波打つような桂川の濁流とともに、何かが亀岡方面から保津《ほづ》あたり

氾濫寸前の鴨川(京都市三条大橋付近)

まで下る。やがて水が引くと上流へ戻る。牛に似たような背中だけが見えるが、顔かたちは誰も確認できない」という。まさにこの怪物こそが、鴨川の四条大橋に現れるとされたマンモスと同じ存在であることは間違いないだろう。すなわち、この怪物は河川の氾濫の象徴なのではないだろうか。

河川氾濫の恐怖を伝える

鴨川でも桂川でも、かつて川辺は子どもたちの絶好の水遊び場だった。梅雨末期の集中豪雨で一気に水嵩が増すと、川はいつ氾濫してもおかしくない。その危険を子どもたちに諭すために創造されたのが、鴨川のマンモスであり、桂川の牛にも似た怪物だったのである。先の橋本経亮は、戦国時代に滋賀県野洲川の洪水時に牛のような化け物が川から這い出て空へ上がったという話も紹介しているそうだが、河川の氾濫の恐怖を怪物や化け物に譬《たと》えて、特に子どもたちに危険を伝えるということは、どうやら相当古くからあった慣習のようである。子どもたちに「危ないから川に近づいてはならぬ」と真正面から諭しても、好奇心から逆に川に近づいてしまう可能性があるが、「恐ろしい化け物が現れる」と聞かされることで、確かに川に近づこうとしないのは、老いの域に入った筆者でも、子ども時代の発想を思い出して、思わず納得してしまう。

そういえば出雲の著名な伝説である「八岐大蛇《やまたのおろち》」は、実は河川の氾濫の象徴だったという説が聞かれるが、そう考えると、各地に伝わる化け物伝説の正体は、何らかの自然災害を象徴している例が多いのかもしれない。

川神を迎える神輿洗い

もう一つの謎は神輿《みこし》に纏わる儀礼である。四条通りを埋め尽くす観光客で賑わう宵山《よいやま》に先立ち、七月十日には神輿洗いが行われる。これは、八坂神社から中御座《なかござ》の神輿が四条大橋の上まで引き出され、そこで鴨川の水を汲み上げて神輿に振りかける神事である。この水を浴びると無病息災とも伝えられ

祇園祭の神輿洗い(写真:井上成哉氏提供)
神輿洗いは7月10日と28日の2度行われる。

ていることから、近年では多くの見物客でごった返す。神輿洗いの意味は、神幸祭《しんこうさい》に先立って鴨川の水で神輿を清める、禊の儀礼だと説明されている。これだけなら何の疑問もなく納得できる。しかし神輿洗いはもう一度行われる。しかもそれは七月二十八日である。神輿が本社から出て御旅所へ向かう神幸祭が十七日、御旅所から八坂神社へ還る還幸祭《かんこうさい》が二十四日である。神の旅程は二十四日で完了しているはずだ。にもかかわらず、その四日後に再び神輿洗いを行うのはなぜなのか。まつりを終了するための二度目の禊だといわれても、とうてい合点はいかない。

筆者は、これは次のように理解すべきではないかと考えている。すなわち鴨川の水を汲み上げることは、鴨川の神を神輿に乗り移らせることに意味があるのではないか。それが十日の神輿洗いである。そしてまつりが終わり、神輿に乗っていた川の神を再び鴨川へお返しする儀礼が二十八日の神輿洗いなのではないか。このように考えることによって、二度行われる神輿洗いの本来の意味が見えてくるように思う。ならば、祇園祭は鴨川の神、すなわち川神（水神）を迎えて行われるべきまつりだったことになる。

祇園祭は、近世末までは牛頭天王とその家族を、明治以降はスサノヲとその家族を神輿に乗せて洛中へ招き、その卓越した霊力によって疫病の原因とされた死者の怨霊の怒りを鎮め、京の都から追い出すことを目的としたまつりであると理解されている。しかしそれは表向きの説明であり、もう一方においては、疫病蔓延の真犯人ともいえる河川の氾濫を防ぐために、川の神を迎え祀るという側面もあったのではないだろうか。そう考えると、神輿洗いは、まさに川神祭祀としての祇園御霊会を今に伝える事例だといえるのかもしれない。

11 ❖ 神の代役としての稚児

稚児は神の依代

京都の祇園祭では、稚児《ちご》と称する男児が鉾に乗って舞を披露することは広く知られている。いったい稚児とは何者なのだろうか。

今日の祇園祭では、稚児が出るのは長刀鉾《なぎなたぼこ》と綾傘鉾《あやがさぼこ》、および後述する「久世駒形稚児《くぜこまがたちご》」だけである。特に長刀鉾の稚児は有名であり、七月十三日の八坂神社への社参によって、それまでは普通の小学生であった男児が五位少将、十万石の大名に相当する位を授かるのである。長刀鉾の稚児は十七日の山鉾巡行で、四条通りに張られた注連縄を華麗な太刀さばきによって切るという大役を担っており、これは山鉾巡行の開始を告げる重要な儀礼として、毎年必ずテレビで放映される場面でもある。

そもそも「稚児」とは、祭礼で神霊の依代となる子どもを意味し、神の代役としての重要な立場を担う存在である。稚児は本来、男女の区別はなく、女児が稚児を務める例もあるが、祇園祭では女人禁制が原則であり、特に山鉾巡行には女子の参加が禁じられているために、稚児も男児に限られている。

ところで長刀鉾の稚児には、両側に二人の補佐役が付いている。これは「禿《かぶろ》」とよばれる少年で、本来は島原（京都市下京区の花街《かがい》）の太夫《たゆう》に仕えて身の回りの世話を行った少女を意味した。今日の祇園祭では禿も少年が女装することになっているが、稚児の装束が太夫のものときわめて近似していることや、禿が存在することなど、祇園祭の稚児と島原との関わりが深いことはたいへん興味深い。

長刀鉾の稚児（写真:井上成哉氏提供）
長刀鉾の稚児は常に強力に担がれていて、自ら足を地面につけて歩くことはない。

生き稚児から稚児人形へ

なお、今日でこそ長刀鉾以外のすべての鉾が稚児人形を乗せるようになったが、かつては多くの鉾に生き稚児が乗っていた。それがやがて種々の理由から生き稚児を廃して代わりに人形を乗せるようになっていった。たとえば函谷《かんこ》鉾は早く天保十年（一八三九）の復興に際して、また鶏《にわとり》鉾は文久三年（一八六三）から、月鉾は明治四十五年（一九一二）から、さらに時代は下って放下《ほうか》鉾は昭和四年（一九二九）から、それぞれ稚児人形を乗せるようになったといわれている。その背景には、稚児はまつりに先立って相当期間、家族から離れて別火で炊いた食事をするなど、厳しい精進潔斎が求められ、またまつり当日は地面に直接足を触れさせないなどの特別な扱いを受けるため、希望者も減り、またその世話にも多大な労力と費用がかかることと、稚児が鉾から落ちて大怪我をしたりするなどの危険をともなうことなどの理由が考えられる。

駒形稚児の謎

ところで、十七日の山鉾巡行が終わった夕刻、八坂神社を出発する神輿渡御に、京都市南区上久世《かみくぜ》から一人の稚児が奉仕することを知る人は少ないのではないか。この稚児は木製の駒頭《こまがしら》を胸に抱いているることから、古くから「駒形稚児」とよばれてきた。この稚児は、旧上久世村の氏神である綾戸《あやと》・国中《くなか》神社の御神体とされている木製の馬頭を胸に抱き、馬に乗って神輿の渡御に奉仕する。十七日の朝、上久世では村人から「お駒さん」とよばれて崇拝されている御神体の駒頭が入った櫃を、神社からその年の稚児を出す家に運び、床の間に安置する。やがて稚児はこの駒頭を首にかけ、父親と綾戸・国中神社の神主とともに騎馬で八坂神社に社参に向かう。なお、駒形稚児は騎馬のまま境内に入り、拝殿を三周して直接本殿に乗りつけたといわれている。十万石の大名の格式を持つといわれる長刀鉾の稚児でさえ、境内前で下馬して徒歩で本殿に参拝するのに、駒形稚児は騎馬のまま本殿に乗りつけるというのは、まさにこの稚児がそれ相応の位を持ち、また祇園祭において非常に重要な役割を担ってきたことを物語っているといえよう。

久世駒形稚児(写真:井上成哉氏提供)
駒形稚児は上久世の氏神である綾戸・国中神社の氏子の中から選ばれる。

ところで上久世という八坂からは遠く離れた地から、祇園祭の重要な稚児が出ること自体が不思議であり、またその氏神である綾戸・国中神社と祇園社の関係はというと、ますます謎は深まる。限られた史料によれば、綾戸社は近世初期には「祇園駒之社」ともよばれ、現在の駒頭はもともと綾戸社と深い関係のあるものであり、また同時にこの駒頭をめぐる信仰が広く流布していたことがうかがえる。しかし綾戸社と祇園祭との関係は不明であり、いつ頃いかなる理由で上久世の氏神と祇園祭とが結びついたのか。今は残念ながらそのことを知る術はない。ただ近世の史料に「上久世駒形神人」の名が出てくることから想像して、近世初頭には今日と同様に上久世の人々が祇園祭の神幸祭と還幸祭に奉仕していたことは確かであろうと思われる。

また平安時代末期に書かれたという『年中行事絵巻』の中に、駒頭を胸に抱き、馬に乗った稚児が祇園御霊会の神輿に供奉する姿が描かれていることから、少なくとも平安時代末期には、祇園会に駒形稚児らしき存在が関係していたであろうことだけはわかるのである。

駒形稚児と頗利采女の信仰

駒形稚児と祇園祭との関係を論じた研究はきわめて少ない。しかし若干の研究によって、駒形稚児が平安時代から祇園御霊会と深く関わり、またそれは祇園社の主たる祭神である牛頭天王の后とされている頗利采女《はりさいにょ》、後に「少将井殿《しょうじょうのいどの》」とよばれるようになった神をめぐる信仰と深く関わっていたらしいということが明らかにされてきた。

十七日の夕刻、八坂神社を出て四条寺町の御旅所へ向かう神輿は、中御座《なかござ》（牛頭天王⇒スサノヲノミコトを奉じる神輿）・東御座（八王子⇒八柱御子神《やはしらのみこがみ》を奉じる神輿）・西御座（頗利采女⇒奇稲田比売命《くしいなだひめのみこと》）の三基であるが、かつては中・東の二基が大政所《おおまんどころ》御旅所へ渡御していたのに対して、頗利采女を奉ずる西御座だけは少将井御旅所まで渡御していた。久世の駒形稚児は、どうやらこの頗利采女という神と関係があったらしい。これらのことから、駒形稚児をめぐる信仰は、「少将井」という名の通り、「井」すなわち水をめぐる信仰とも深い関係があり、夏まつりとしての祇園会における「聖水信仰」に繋がる可能性があることも示唆されている。

また駒形稚児は、他地域の田楽・猿楽系統の芸能に駒頭がよく登場することからも、もともとは祇園会において何らかの芸能にたずさわる存在であったのではないかともいわれているが、いずれにおいても詳細は明らかではない。祇園祭をめぐる諸問題の中で、この「駒形稚児」の存在だけは、謎のベールに包まれているのである。

12 ❖ 風流囃子物としての傘鉾

セーフティーゾーンを創出する傘

京都の祇園祭では、重量一二トン超の大型の鉾から、数々の物語を演ずる人形が設《しつら》えられた山、そして傘鉾や船鉾などが都大路を練り歩く。これらの中で、「鉾」とは疫神を寄せ集めるための依代であるといわれているが、その中になぜ傘や船が加えられているのだろうか。特に傘や船は、長刀鉾や月鉾などの囃子方《はやしかた》が乗ることができる大型の鉾と比べてずいぶん小さく、形状も異なる。これらは「鉾」というよりも、「山」と呼んだほうがふさわしいようにも思われよう。しかし、傘や船は決して「山」ではなく、「鉾」そのものなのである。それはなぜなのか。

現在の祇園祭では「綾傘鉾」と「四条傘鉾」の二基の傘鉾が出る。そもそも傘鉾は、剣鉾などとと

綾傘鉾
綾傘鉾は江戸時代末期の大火で大部分を消失するが、昭和54年(1979)に想像を絶する苦労と努力によって復興が成し遂げられた。

もに、今日の山鉾の形態が完成する以前のもっとも古い形であり、いわゆる「風流《ふりゅう》」とよばれる作り物や芸能のもっとも基本的な形態を今に伝えるものである。応仁の乱以前の十五世紀前半の記録にも傘鉾が登場することから、五五〇年以上前から存在した鉾であることがわかる。

傘は、今日の用途からも想像できるように、ひとつには結界を作るという機能を有している。つまり傘の下に入ることで、さまざまな災厄から逃れることができるという、一種のセーフティーゾーンを創出することが可能である。さらに傘は、数々の日本の民俗行事において、神霊の被《かぶ》り物とされており、それが転じて神霊や霊魂の依代の意味を強く有するようになったと考えられる。すなわち傘は、そのものが神聖性を帯びるとともに、傘を飾り立てることで、まさに「風流」の代表的な造形物となり、それを歌舞音曲で囃したてることによって、祭礼行列を華やかに演出したのである。京都では、傘だけなら平安時代から存在するし、室町時代には少なくとも傘状の出し物である「かささぎ鉾」と「鷺舞《さぎまい》」の存在が確認できる。このように傘は、風流のまつりにおけるもっとも古い造形物として、今日まで継承されてきたといえよう。

囃すものと囃されるもの

ところで、祇園祭に登場する鉾の基層には「風流囃子物」の特質が流れているといわれる。「風流囃子物」について、京のまつりや山車《だし》研究の権威である芸能史研究者の植木行宣は、その代表的著書である『山・鉾・屋台のまつり』において、「囃すもの」と「囃されるもの」という表現を用い、次のような学説を提示している。すなわち「風流囃子物」とは、神霊の送迎、特に疫神や災いなどの退散を願う「ハヤス」という行為から出た群集の踊りが基本であり、芸能としての特質は、太鼓などの打ち物系の楽器を踊り子が自ら打ち踊り、そして移動するところにある。鉾の古い形態を今に伝える「傘鉾」は、まさに囃されて移動する神霊の動座そのものであり、そこには「棒振り囃子」に代表される、

綾傘鉾囃子方の太鼓打ち
太鼓方は二人で一つの締太鼓を、一人が手に持って受け、もう一人がそれを打って踊りながら囃す。

派手なお囃子と踊りが必要だったのである。このことは、室町時代の記録に登場する山鉾の中で、今日の「綾傘鉾」や「四条傘鉾」はともに「はやし物」と表現されていることからもうかがえる。極言すれば「傘鉾」はそれだけで存在しても意味はなく、また「棒振り囃子」もそのものだけでは意味を持たないということができるだろう。両者がそろい、それらが移動してはじめて意味を持つ「風流囃子物」になったのである。

「風流囃子物」の「囃されるもの」のもうひとつの象徴が「船」であったと思われる。船の歴史も古く、おそらく傘に次いで昔から存在した風流の代表的な造形物だっただろう。このよう

綾傘鉾の棒振り
棒を激しく振ることで、周囲のさまざまなケガレや災厄を祓う目的があると考えられる。

に、傘と船は「鉾」の原型としての「風流囃子物」の系統を直接に引くものだったのである。そうであれば、傘や船は、「傘山」、「船山」とよぶことはできない。やはり「鉾」とよぶべき存在であることがおわかりいただけるだろう。

綾傘鉾の棒振り囃子

ところで、綾傘鉾の前で演じられる「棒振り囃子」は、江戸時代の中期以降、京都市中京区の壬生《みぶ》の人々が奉納するようになった民俗芸能で、今日では壬生六斎念仏保存会の人たちによって演じられている。江戸中期以前にも綾傘鉾で棒振り囃子が演じられていたことは、いくつかの絵画資料によって確認できるが、その当時の棒振り囃子は、どのような芸能集団が綾傘鉾に奉仕していたかは不明である。もしかすると、いち早く祇園囃子の芸能的要素を取り入れた、「壬生大念仏狂言」の担い手たちによって演じられていたのかもしれないが、真相はよくわかっていない。今日の棒振り囃子に用いられる棒は、長さ五尺弱ほどで、両端に一尺ほどの房《ふさ》を付けたものである。棒振りには棒を激しく振ることで、周囲のさまざまなケガレや災厄を祓う目的があると考えられる。また太鼓方は二人で一つの締《しめ》太鼓を、一人が手に持って受け、もう一人がそれを打って踊りながら囃す。

もうひとつの傘鉾である四条傘鉾も、応仁の乱以前から存在した古いもので、明治四年（一八七一）以降途絶えていたが、昭和六十年（一九八五）に一一四年ぶりに鉾を路上に飾るだけの「居祭」として復興し、三年後の昭和六十三年には、踊りとお囃子が再現されて完全復興を遂げた。四条傘鉾の棒振り囃子は、二名の棒振りと鉦、太鼓、ささらそれぞれ二名の、計八名の子どもたちが演じている。この踊りは、滋賀県甲賀市の瀧樹《たぎ》神社に伝わる「ケンケト踊り」を参考にしたものである。

13 ❖ 愛宕山の本尊は勝軍地蔵

戦勝の神から火の神へ

京都市の北西方向にひときわ高く聳える山が見える。それが愛宕山《あたごやま》である。愛宕山の標高は九二四メートルで、かつての山城国と丹波国の国境に位置し、京都市内から臨める山々の中では最高峰である。「愛宕」という名を有する社は日本全国に分布しており、その総数は小社まで含めれば千五百社を超えるといわれている。

愛宕山は八世紀初頭の大宝年間（七〇一〜〇四）に、修験道の開祖とされる役行者《えんのぎょうじゃ》と加賀白山《はくさん》ゆかりの僧泰澄《たいちょう》によって開かれたとの伝承を持つ霊山である。今日の愛宕神社は全国各地にある愛宕社の総本宮として、主祭神は伊弉冉尊《いざなみのみこと》と火神である迦遇槌命《かぐつちのみこと》で、多くの人々から火伏せの神として尊崇さ

愛宕神社の本殿（京都市右京区愛宕山上、写真：出水伯明氏提供）
愛宕神社は標高924メートルの愛宕山頂に鎮座している。

れている。愛宕山は早くに神仏習合の形を整えたと考えられており、平安時代に天台宗と真言宗両義の白雲寺が建立され、以後この寺院が愛宕山の実権を握ってきた。中世には多くの修験者が愛宕山に住んだところから、愛宕権現太郎坊とよばれる天狗と考えられるようになった。一方その本地仏として勝軍《しょうぐん》地蔵が祀られた。勝軍地蔵を尊崇する者は戦で勝利を得るといわれ、特に戦国武将たちにその信仰が広まった。

天正十年（一五八二）に明智光秀が本能寺にて主君織田信長を討ったことは誰もが知るところだが、光秀はその数日前に愛宕山へ登り、連歌《れんが》会を開催したことはあまり知られていない。そこで彼が詠んだ歌が「時はいま　雨が下しる　皐月《さつき》かな」と

愛宕山の遠景（写真:出水伯明氏提供）
愛宕山は京都市内から臨める山としてはもっとも高い。愛宕山の手前には鳥居形松明送り火が見える。

いうものである。これは解釈の仕方によって「土岐《とき》一族の一員である光秀が、まさに天下を取らんとする皐月の季節である」とも読めるのであり、光秀は愛宕山で信長を討つことを決意したのではないかともいわれている。

近世に入ると、愛宕は一般庶民の間では竈《かまど》に祀られる火の神として信仰を集めるようになる。その背景には、徳川政権の成立によって戦国の世が治まり、平和が訪れたことから、愛宕山にとってかつての戦国武将たちによる寄進が大幅に減り、寺社の存続の危機に立たされたのではないかと考えられる。そこで愛宕山の修験者たちは、修験道ともともとなじみの深い火を自在に操る技に依り、庶民に火伏せの信仰を流布することによって寺社経営の立て直しを図ろうとしたのではないか。修験者たちは、家々の台所で火伏せの護符と愛宕の神花である樒《しきみ》を祀ることを勧め歩き、やがて京の都を中心に、愛宕山に代参して、火伏せのお札と樒を各戸へ配布するという慣習が広まっていったものと思われる。その信仰は現在まで生きつづけている。

明治初年の廃仏毀釈《きしゃく》によって白雲寺は廃寺となり、それまでの仏教色は完全に廃された。以後は寺僧が神職となり、今日の愛宕神社に引き継がれたが、幸いに本尊であった勝軍地蔵は破却から免れて、京都市西京区の大原野にある天台宗金蔵寺《こんぞうじ》に移され、今日ではそこで祀られている。

金蔵寺の勝軍地蔵像（写真:出水伯明氏提供）
愛宕白雲寺の本尊であった勝軍地蔵はかろうじて破却から免れ、こっそりと金蔵寺へ移されたと伝えられている。

さまざまな火の信仰

ところで、「お伊勢へ七度、熊野へ三度、愛宕さんへは月参り」という言葉がある。近世以降、村々では愛宕講を組織して愛宕へ代参月参りを行ってきた。代参者は祈祷済みの護符と樒を受けて帰村すると講員にそれらを配った。愛宕の護符は竈神である三宝荒神や台所の柱や壁に貼り、樒は竈の上などにおいて火難除けのお守りとした。今日でも京都市内をはじめ京都府亀岡市や南丹市などの多くの地域に愛宕灯籠が残っている。愛宕講や村内の組、町ごとに毎日順番を決めて愛宕灯籠に火を点す「火とぼし」と称される習俗が見られる。これは木製の手提げの灯籠を毎日順番に家々を回し、当番に当たった家では手提げの灯籠の中の蠟燭に火をつけて愛宕灯籠に火を献じる習俗である。家々では愛宕の手提げの灯籠が回ってくるたびに、火伏せの意識を再確認し、愛宕さんへの祈りとともに灯籠に火を点すのだという。

また子どもが三歳までに愛宕へ参ると、一生火災の難をまぬがれるといわれている。筆者もかつて三歳前の娘を背負って愛宕参拝をした経験がある。これは祭神である母神伊弉冉尊が迦遇槌命を出産する時に火傷で亡くなったという故事に由来するのかもしれないが、愛宕が産育の神として信仰されていた一面もあると考えられる。

かつては六月二十三日から二十四日にかけて愛宕の千日詣でが行われていた。この日に愛宕へ参ればば千日分の参拝と等しい功徳が得られるといわれている。今日では七月三十一日から八月一日が千日詣での日と定められ、この日だけは山麓の嵯峨周辺も夕刻から深夜にかけて車の渋滞が続くほど、多くの参拝者たちでごったがえす。

火への畏怖と感謝

火は人々のくらしになくてはならないものであり、さまざまなものを産み出す源でもある。しかし一方で、火は村や山、さらに人々の暮らしまでも、あらゆるものを焼き滅ぼしてしまう恐ろしい力を秘めた魔物でもある。昔の人々は今日の人たちと比べて、火の恵みや脅威をより深く認識していたのであろう。愛宕の神は、このような人々の素朴な祈りの心の依り所として篤い信仰を集めた。

柳田国男の『遠野物語拾遺』第六十四話に、愛宕の神が火事を消し止めた話が載っている。遠野の某家で失火があった時、大徳院という寺の和尚が一生懸命消火にあたってくれたおかげで、大事に至らずに済んだ。翌日火元の家の者が大徳院に礼を述べに行ったところ、寺では和尚をはじめ、誰一人火事のことは知らなかった。それで、これは愛宕の神が大徳院の和尚に化けて鎮火してくださったと人々が大いに感謝したという話である。これがいつ頃に語られた昔話であるかはっきりとはわからないが、少なくとも遠野において、古くから愛宕が火伏せの神として篤く信仰されてきたことは確かであろう。また愛宕の神が寺の和尚に化けて現れたという点も、神仏混淆《こんこう》であった時代の愛宕信仰の姿を髣髴《ほうふつ》とさせるようでたいへん興味深い。

14 ❖ 万灯籠から五山送り火へ

万灯籠の風流化

京都では先祖の霊を、親しみを込めて「オショライサン」とよぶ。盆に戻ってきたオショライサンは、それぞれの家々で丁重なもてなしを受け、八月十六日に再びあの世へ帰ってゆく。古くは盆花やダンゴなどの供物とともに、十六日の夕刻に鴨川あるいは堀川に流し、それによって先祖の霊を送ることが習わしとされてきた。そしてその夜には、京都盆地を取り囲む山々に、大文字に代表される盆の送り火が灯される。

送り火の起源は「万灯籠《まんとうろう》」や「千灯籠」などとよばれる、室町時代以降に京都と周辺地域で行われてきた灯籠行事だと考えられる。万灯籠とは、戦乱で他界した多くの死者霊を弔うとともに、盆にあの世から戻ってきた先祖霊を供養し、この火に照らしてあの世へ送るための灯籠行事である。本来はきわめて素朴な送り火の行事がやがて華美に変身し、多くの人たちに見せるために風流《ふりゅう》化したのが万灯籠である。その結果作られたのが「十二灯」とよばれる万灯籠である。京都では「十二灯」の火がさらに風流化して五山の送り火になったと考えられる。このように、五山の送り火は万灯籠の行事が元にあり、それがさまざまに変化する過程で、山の斜面に火床を築き、そこに松明《たいまつ》で大きな文字やさまざまな図柄を描くという発想が生み出されて完成した、特異な万灯籠の行事であるといえよう。やがてそれが江戸時代初期頃には、京都の夏の年中行事として定着したのである。

鳥居形松明送り火（京都市右京区嵯峨鳥居本）
鳥居形松明送り火は五山最後の点火で、8時20分に点される。

今日の京都には、八月十六日の夜八時から二〇分間に、五分間隔で左京区東山如意ケ岳《にょいがたけ》（大文字山）の大文字、左京区松ヶ崎万灯籠山と大黒天山に妙法、北区西賀茂船山に船形万灯籠、金閣寺裏手の大北山に左大文字、右京区嵯峨鳥居本《とりいもと》の曼荼羅《まんだら》山に鳥居形松明の五つの送り火が次々と点火される。

大文字送り火成立をめぐる三つの説

ところで、五山を代表しかつ歴史的にももっとも古いのは、東山如意ケ岳の大文字だといわれている。その成立時期ははっきりとはわかっていないが、次のような三説が存在する。第一は平安時代の九世紀初頭に、弘法大師空海が山に大の文字を描いて始めたとする説である。しかしこの説は伝説の域を出ないといわざるを得ない。なぜならば、もし平安時代から大文字の送り火が灯されていたとすれば、何らかの文献に記載されて然るべきである。しかし当時の文献には、大文字送り火のことはいっさい登場しない。ということは、やはり史実であるとは考えにくいということになる。

第二の説は、十五世紀末に室町幕府八代将軍の足利義政が始めたとする説である。この説はいくつかの理由から信憑性はあると思われる。義政の長男である義尚《よしひさ》が、延徳元年（一四八九）に二十四歳という若さで他界しており、息子の義尚の菩提を弔う目的で相国寺の和尚に命じて大文字を作らせたとする説は確かにあり得る話である。というのは、義政が銀閣寺（慈照寺）の創建者であること。さらに

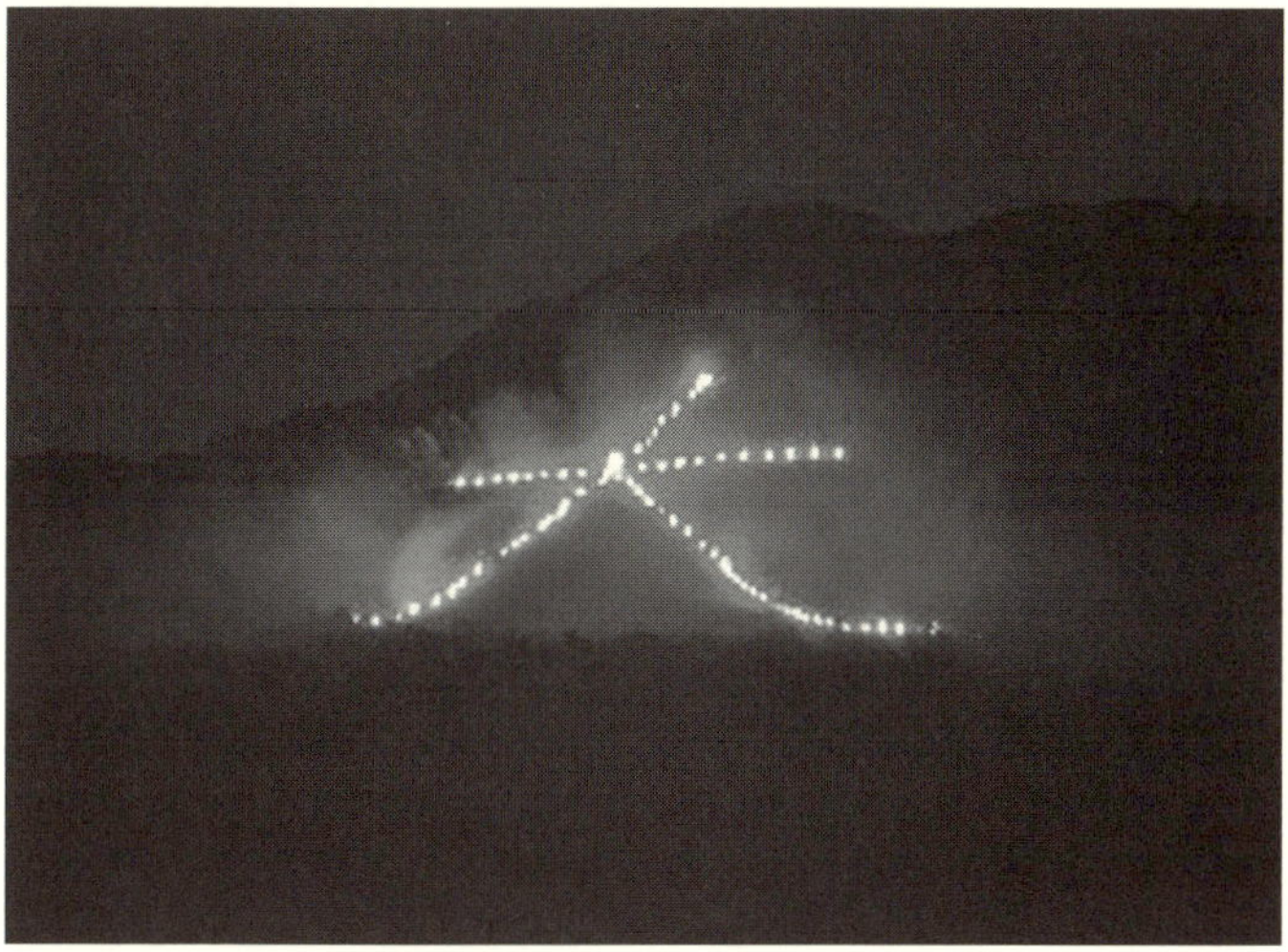

大文字送り火（京都市左京区如意ヶ岳）
大文字山からは他の四山の送り火を臨むことができる。

大文字は、京の中心部を向いているのではなく、やや北に偏って火床が築かれている。ならば大文字はどこを向いているのか。その延長線上には相国寺と室町幕府のおかれた花の御所がある。相国寺には歴代の足利将軍の墓所があり、室町幕府とは繋がりが濃い寺院である。これらのことから、足利義政創始説はそれなりに説得力も持つといえる。しかし仮に義政の時代に大文字送り火が作られたとしても、毎年年中行事として点火されたとは考えにくい。それはやはり、当時の文献にほとんど登場しないからである。

第三の説は十七世紀初頭、すなわち江戸時代初期に年中行事として定着したとする説である。

大文字送り火が史料上に登場するのは、慶長八年（一六〇三）の『慶長日件録』という公家の舟橋秀賢《ふなばしひでかた》の日記が初見である。旧七月十六日の条に「晩に及び冷泉亭に行く、山々に灯を焼く、見物に東河原に出でおわんぬ」と記されており、これは明らかに大文字送り火のことであろうと思われる。つまり送り火は、近世以降に大文字を皮切りに、徐々に作られて、それがやがて年中行事として固定化していったものと考えることが妥当だといえよう。しかしそれは、明らかに室町時代の「十二灯」の松明行事が風流化を遂げ、山の斜面に火床を築いて点火することで今まで以上に巨大化し、また遠方からも見ることができる大規模な送り火となって都の盆を飾る伝統行事として定着していったといえるだろう。

「大」の字が意味すること

ところで、大文字の「大」にはどのような意味が託されているのだろうか。これについても諸説があるが、筆者は中国の古代仏教思想である「五大」に由来するものではないかと考えている。「五大」とは宇宙を構成している主要な五つの要素を意味し、地・水・火・風・空を指す。そういえば西国三十三ヵ所観音霊場の第十七番札所である六波羅蜜寺では、毎年盆の万灯会において本堂内に「大」のお灯明が浮かび上がる。この行事は応和三年（九六三）に開祖である空也上人によって始められたと伝えられており、以来千年以上の歴史を有すると伝えられている。これも明らかに「五大」に由来するものと考えられる。もしかすると、大文字送り火を考案した者は、六波羅蜜寺の万灯会の「大」のお灯明からヒントを得たのかもしれない。だとすれば、大文字送り火のルーツは六波羅蜜寺の万灯会にあるといえるだろう。

幻の送り火

今日でこそ「五山の送り火」と称され、五つの送り火だけが昔からあったようなイメージを与えるが、かつての京都にはもっとたくさんの送り火が存在したといわれている。たとえば明治二十年代の新聞には、市原村の「い」や一乗寺の「竿に鈴」という送り火の記事が見える。さらに十八世紀には鳴滝の「一」という送り火に関する記事もあり、どうやら昔は上記の五山以外に、「い」・「竿に鈴」・「一」などという送り火が存在したようである。これらの送り火は何らかの理由で廃絶したようで、今日では正確な点火場所すらもわかっていない。これらはまさに幻の送り火なのである。

15 ❖ 松上げの起源は「柱松」

風流化する火

火は、元来きわめて素朴な存在である。しかし私たちの先祖は、いつしか火を華美に飾ることを覚えた。さまざまな趣向を凝らし、飾り立てることによって火は美しく変身し、もとの素朴なものとはまったくの別物と化す。まさに多くの人々に鑑賞されるための存在として生まれ変わるのである。このような火の変身は「風流化する火」、あるいは「芸能化する火」と表現すべきであろう。火がもっとも美しく生まれ変わった典型例は、打ち上げ花火であろう。しかし花火以外にも、火が人に見られるために美しく、華麗に変身した例は全国各地で発見することができる。このような火の風流の象徴ともいうべき火まつりが、通称北山と称される京都北部の山村で行われている。

京都北部の丹波から若狭にかけての山村では、一般に「松上げ」とよばれる夏の松明行事が伝承されている。松上げは、基本的には愛宕《あたご》信仰に基づく火伏せの民俗行事であるが、実際の松上げ行事はきわめて複雑な様相を呈している。今日でも松上げの行事を伝えているのは、京都市北区雲ケ畑、左京区花背（花脊）八桝《やます》町・広河原・久多《くた》、右京区京北小塩《おじお》町、南丹市美山町芦生《あしゅう》など多くを数えることができる。

左京区花背八桝町では、かつては八月二十四日に松上げが行われていたが、今日では八月十五日の夜に行われるようになった。多数の男性の力が必要とされる松上げを維持していくために、村を離れている若者たちが故郷へ戻ってくる盆の期間に行事の日を移動したためである。松上げはかつての修験道の影響から、準備から本番まですべてが男性のみによって行われ、女性はいっさい関与できないことになっている。

トロギバへ向かうネギ（京都市左京区花背八桝町の松上げ）
花背八枡町ではネギ（禰宜）とよばれる村の神職を中心とした役員たちが、村内にある愛宕社から種火を松明に移してトロギバへ運ぶ。

広河原の松上げ（京都市左京区広河原）
松上げは運動会で行われる「玉入れ」の松明バージョンといえる。投げられた上げ松の軌跡が放物線状に映り、手前には無数の地松が揺らめいている。

松上げの当日、八桝町の集落では、上桂川が大きく蛇行するトロギバ（灯籠木場）とよばれる平地の中央に、先端にモジとよばれる籠状の松明受けを取り付けた、高さ約二〇メートルの檜の巨大な柱が垂直に立てられる。夕刻になるとその周囲には千本近いジマツ（地松）が立てられる。やがてネギ（禰宜）とよばれる村の神職を中心とした役員たちが、村内にある愛宕社から種火を松明に移し、トロギバに到着すると、一斉に地松に火が灯される。やがて八時すぎ、鉦《かね》と太鼓を合図にトロギバに集まった男たちは、一斉に先端のモジを目指して上げ松を投げ始める。降り注ぐ火の粉の中、男たちは上げ松を拾っては投げ、また拾っては投げ続ける。やがてだれかの投げた上げ松がモジに入ると、行事はいよいよクライマックスを迎える。モジが炎を上げて勢いよく燃え始めたかと思うと、瞬時にしてトロギを支えていた綱が切られてトロギは倒され、松上げは一瞬にして終わる。

観音堂に祀られた地蔵（広河原）
広河原では、松上げの1週間ほど前に普段は美山町との境界である佐々里峠に祀られている地蔵を村内の観音堂に移し、松上げが済むまでそこで祀られる。

一方広河原では、毎年八月二十四日の夜に、花背八桝町と同様の松上げが行われる。広河原の松上げの大きな特色は、行事の一週間ほど前に、普段は美山町との境界である佐々里《さ さ り》峠に祀られている地蔵を村内の観音堂に移すことである。この地蔵は松上げが済むまで村内で祀られ、やがてまた峠の堂に戻される。これは松上げが地蔵祭のひとつの形態として伝えられてきたことを物語る例である。

松上げの起源

さて、松上げに用いられるトロギとよばれる神木

トロギを立てる（広河原の松上げ）
松上げの準備の中でトロギ建てが一番困難な作業である。現在はクレーンが用いられているが、かつてはすべて人力で行われていた。

は、一般に「柱松《はしらまつ》」とよばれる。柱松の起源に関しては種々の解釈がなされているが、少なくとも柱松が巨大化し、行事が風流化してゆく背景には、修験道の何らかの影響があったことは疑いない。すなわち、二基の柱松を立てて山伏がこれに駆け登り、火打ち石で発火させ、人々の煩悩を焼き尽くす儀礼が、やがて山伏の験力を競う一種の競技となり、それが民間に流布して、今日の松上げの基礎が形作られたものと考えられる。しかし雲ケ畑の松上げは、山頂で松の割り木を用いて文字の形を描くという独自の形態をとっており、これは明らかに、万灯籠を起源とする京都五山の送り火の強い影響を受けた結果であろうと考えられる。

このような勇壮な松上げの形態はいつ頃、どのようにして作られたのであろうか。さらに松上げの古い形とは如何なるものだったのだろうか。たとえば左京区久多では、古くは愛宕を祀る山の頂で松上げが行われていたという。また福井県おおい町奥坂本地域（旧名田庄《なたしょう》村）に属する大滝では、かつては愛宕を祀る山頂の松の古木に松明を放り上げていたが、今日では愛宕の祭場へローソクを持って参るのみであるという伝承が聞かれる。また同村の坂本地域に属する井上と佐野では、二村共同で毎年八月十五日に松上げを行っているが、かつては八月二十四日にも、山の中腹にある愛宕社の近くの古木に松明を放り上げていたという。さらに同村の三重地域に属する尾之内では、以前は八月二十四日に山の頂上で松上げを行っていたが、火災があって以後は村内の公園で行っているという。

これらの事例から、どうやら松上げの古い形態は、各村の愛宕を祀る山の頂で松明を焚き、また神木である松の古木に向かって松明を投げ上げるものであったと考えることができる。それが、行事が風流化する過程において祭場が徐々に里へと移動し、かつ規模が大きくなって、やがて今日見られるような壮大な火まつりとしての松上げが作られたものと思われる。その意味で、松上げも元来は火伏せを願う人々の祈りの対象である、素朴な炎であったといえるだろう。

各地の松明行事

松上げのような松明行事は、京都北部から若狭地域だけで見られる訳ではない。たとえば和歌山県すさみ市佐本では、毎年八月十六日に「柱松」とよばれる、松上げと同種の松明行事が行われている。他にも和歌山県大地町、同紀宝町、愛媛県八幡浜市、山口県光市などでも柱松行事が伝えられており、これらは熊野修験や石鎚《いしづち》修験などの影響を受けた松明行事であることは想像に難くない。これらのことからも、やはり民間で伝承されてきた柱松行事は、その成立段階において、修験系宗教者の何らかの影響を受けていたことはほぼ間違いないものと判断できるだろう。

16 先祖霊を迎える六道参り

珍皇寺の井戸
小野篁はこの井戸からあの世へ通っていたと伝えられている。

六道の辻と小野篁伝説

京都では八月初旬、東山区六波羅《ろくはら》周辺では露店が立ち並び、多くの人々で賑わう。珍皇寺《ちんのうじ》で「六道《ろくどう》参り」とよばれる盆の精《しょう》霊《らい》迎えの行事が始まるからである。この寺を珍皇寺とよぶ京都人は少なく、大半の人は「六道さん」と親しみをこめてよんでいる。

この寺の草創に関しては種々の説があるが、中でも珍皇寺にもっともゆかりの深いのは、小野篁《おののたかむら》という人物である。小野篁

珍皇寺の小野篁像(左)と閻魔大王像(右)
この両者は平安時代以来の葬地である鳥辺野の入り口に位置する珍皇寺に所縁の存在である。

は、平安時代初期の学者、詩人で、多くの漢詩集や歌集を残したと伝えられている人物であるが、また彼は「野狂」ともよばれ、その奇行も多く伝えられている。昼は朝廷に勤め、夜は冥府《めいふ》の閻魔庁《えんまちょう》に出勤していたとか、亡き母の霊に会うために「六道の辻」の井戸からあの世へ通っていたなどという伝説がある。さらに死後、冥府の閻魔庁から甦ったとする説もある。

小野篁が冥府へ通ったという井戸は、今日でも珍皇寺の境内にある。また「篁堂」あるいは「閻魔堂」と称する堂があり、その中には、閻魔大王像と小野篁像が安置されている。これらのことは、珍皇寺が平安時代以来の葬地であった鳥辺野《とりべの》の入口に立地していることに由来し、死者はこの寺で引導を渡され、鳥辺野の葬地へ送られた。つまり「六道の辻」とは、現世と他界との境界にあたる場所なのである。

かつての葬地は今日の墓地とは異なり、一歩中へ踏み込めば死体や髑髏《どくろ》が転がるまさに地獄さながらの世界であった。その入口に地獄の帝王である閻魔を祀り、そこから死者をあの世へ送ったのである。今日の京都の人々が、盆に帰ってくる先祖の霊をそのような場所から迎えることは、かつての人々の「あの世」に対する意識を象徴的に伝えているといえよう。

さらに京都の人々は、ここに小野篁という特殊な能力を持った人物をオーバーラップさせ、彼が冥界へ通ったという井戸を他界への境界に見立てたのである。

出店に並べられた高野槙(珍皇寺)
京都では高野槙に乗ってオショライサンが帰ってくるのだと伝えられている。

珍皇寺の六道参り

六道参りの期間には京都の花屋が合同で門前に出店を設け、そこで高野槙《こうやまき》や蓮などの盆花が並べられる。訪れる人たちは、まずここで高野槙を求め、次に本堂前で「水塔婆《みずとうば》」とよばれる塔婆を入手し、そこに迎える先祖の戒名を記入してもらう。次

水回向の様子（珍皇寺）

迎え鐘をつく人（珍皇寺）

に本堂横にある「迎え鐘」をつく。この鐘は堂の中に納められていて外からは見えず、鐘をつく人は小さな穴から出ている引き綱を引いて鐘をならす。この鐘に関して、昔、鐘を作った鋳物師が、この鐘を三年間地中に埋めておけばその後は人の手を要さずに十二の時ごとに鳴るようになると言い残して帰っていったところ、せっかちな寺の僧が三年たたないうちに掘りだしてしまったため、ただの普通の鐘に終わってしまったという説話が伝えられている。

鐘をついた後は水塔婆を石地蔵前の水の入った木箱に納め、上から高野槙で水を注ぐ。これを「水回向《みずえこう》」という。水塔婆は自家で準備して持ってゆく人もあるが、大半の人は本堂前で求め、その場で迎える先祖の名を書いてもらっている。塔婆は「何々家先祖代々」と書かれたもの以外に、参詣者の知る範囲の先祖の名を一枚ずつ記入し、それらをまとめて納める。おおむね三枚から五枚程度の塔婆を納める例が多いが、中には過去帳を見ながら、二〇枚近い塔婆にそれぞれの先祖の名を書いてもらっている人もいる。

以上で六道参りは終わり、人々は高野槙を持って自宅へ帰る。この槙は十三日以降の仏壇に飾る盆花とする。一説によると、この槙にのってオショライサン（盆に訪れる先祖霊）が帰ってくるのだといい、六道参りの帰路は決して寄り道をせず、まっすぐに帰らなければいけないともいわれている。

境界の地で先祖霊を迎える

さて、珍皇寺が鳥辺野の入り口に立地する寺であったように、京の古くからの葬地である蓮台野《れんだいの》の入口には引接寺《いんじょうじ》という寺がある。この寺は通称「千本のえんま堂」とよばれ、寛仁年間（一〇一七〜二一）に比叡山の僧である定寛《じょうかん》が開いた寺であり、閻魔王像が本尊として祀られている。この寺にも珍皇寺と同様に、小野篁にちなんだ伝説があり、一説には、小野篁がこの寺の開基だともいわれている。京の南東角の葬地が珍皇寺のある鳥辺野ならば、北西角の葬地は今日の船岡山周辺にあたる蓮台野で、引接寺はその入口に立地している。このことからも、引接寺に珍皇寺と同様の小野篁の伝説や、盆の精霊迎えの行事が伝承されていたとしても不思議ではない。

引接寺でも、毎年八月七日から十五日までの九日間、精霊迎えが行われ、人々は珍皇寺の六道参りと同じように槙の葉を買い、迎え鐘をつき、水塔婆を納めて先祖の霊を迎える。

このような六道参りの行事がいつ頃から行われるようになったかについては明らかではない。種々の史料から推察するに、六道参りが京の夏の年中行事として定着するのは、やはり近世に入ってからと考えるのが妥当であろうと思われる。盆に先祖の霊を迎えて祀る風習が庶民層に定着するのは室町時代以後であろうとする従来の定説に従えば、珍皇寺の六道参りも、室町時代以後におこったものと考えられ、江戸時代には、京の代表的な年中行事として定着していたのであろう。

京都には、古く平安時代の葬地であったとされる場所が鳥辺野や蓮台野以外にもいくつか存在する。右京区の双ヶ丘《ならびがおか》や愛宕山麓の化野《あだしの》などはその例である。これらの葬地の入口はあの世とこの世の境として意識され、古くから人々に恐怖の念を抱かせる特殊な場所であった。京都には「帷子の辻《かたびらのつじ》」や「椥辻《なぎつじ》」など、「辻」という地名がいくつか存在するが、「辻」とはさまざまな境界を意味する語であり、中でももっとも象徴的な境界は、あの世とこの世の境である。「六道の辻」とはこのような境を指す場所であったと考えられる。

秋

17 津軽岩木山信仰とお山参詣

「津軽富士」と称される霊峰

平成二十八年の新暦九月一日はちょうど旧暦の八朔、すなわち八月一日にあたる。青森県津軽地方の霊峰である岩木山では、恒例の「お山参詣」という行事が行われる。

津軽平野の中央に聳える独立峰の岩木山は青森県を代表する霊山で、標高一六二五メートル。山容は円錐形で、山頂は三峰に分かれ、弘前《ひろさき》側から見た右側が巌鬼山《がんきさん》、左側が鳥海山《ちょうかいざん》とよばれる。これらは外輪山の一部であり、中央の岩木山はその後にできた鐘状の中央火口丘である。岩木山の姿は秀麗で、裾野がなだらかに広がる様子は「津軽富士」ともよばれ、古くから信仰の山として崇められてきた。また岩木山は、富士山と同じように山そのものが御神体として崇められ、山頂には岩木山神社の

岩木山神社と岩木山
岩木山神社正面の鳥居からは、ご神体である岩木山の頂上を真正面に見ることができる。

奥宮が祀られている。近世期、弘前藩では「藩の鎮守の山」として、代々藩主が寄進して岩木山神社の堂塔の建立を行ったので、荘厳華麗な社殿は「奥の日光」とも称されている。なお岩木山は昭和五十年（一九七五）に国定公園に指定されている。

　岩木山神社は、別称「お岩木さま」「お山」「奥日光」ともよばれる、津軽国一宮《いちのみや》である。宝亀十一年（七八〇）に岩木山山頂に社殿を造営したのが起源とされる。延暦十九年（八〇〇）には岩木山大神の加護によって東北平定をなし得たとして、坂上《さかのうえの》田村麻呂《たむらまろ》が山頂に社殿を再建したという。寛治五年（一〇九一）、神宣により岩木山東南麓の百沢地区に遷座し、百沢寺と称したのが現在の岩木山神社となっている。なお明治の神仏分離以前には、岩木山の山頂に阿弥陀・薬師・観音の三つの堂があり、真言宗百沢寺岩木山三所大権現と称した。

神仏習合の名残をとどめる登山囃子

津軽地方の人々にとって岩木山はかけがえのない象徴的な存在である。旧暦の八朔（八月一日）に五穀豊穣と家内安全を祈願して、岩木山に集団登拝する行事が「お山参詣」、あるいは「ヤマカゲ」とよばれる行事である。この行事がいつ頃から始まったかは定かではない。一説によると鎌倉時代ともいわれるが、現在のように形式化したのは江戸時代中期のことと考えられる。その当時は、八月一日だけは一般の人々が山に入ることができず、津軽藩主のみが登拝するものであったという。明治に入ると、一般の人たちによるお山参詣が盛んに行われるようになったといわれている。なお、お山参詣は昭和五十九年に国の重要無形民俗文化財に指定され、「向山」・「宵山」・「朔日山」と三日間にわたって行われている。

向山とよばれる初日、岩木山神社では、訪れた多くの人たちが参道を上って参詣する。

翌日の「宵山」では、大勢の参拝者が黄金色の御幣や色あざやかな幟《のぼり》を掲げて練り歩く。白装束に身を包んだ参拝者たちは、登山囃子が響く中、「サイギ、サイギ」の掛け声を響かせ、岩木山神社を目指す。最終日の三日目は旧暦八月一日の「朔日山」という。参拝者は岩木山の山頂を目指して未明に出発する。道程は約六キロで、およそ四時間で奥宮に達するといわれている。懐中電灯などの明かりを頼りに岩場を登り、山頂付近でご来光を拝むことが目的とされている。

ところで、お山参詣では、登山の際に参詣者が唱える「登山囃子」が伝えられている。それはかつての神仏習合だった頃の名残をとどめる唱文でたいへん興味深い。「登山囃子」は古くは「登拝の囃子」とよばれていたという。その原型は、岩木山の麓にあった百沢寺の住職が作ったという登拝の唱文であると伝えられている。具体的には以下のような文言である。

「懺悔懺悔（サイギサイギ）、六根懺悔（ドッコイサイギ）、御山八大（オヤマサハッダ

岩木山神社に到着した人々
お山参詣に参加する人たちは登山囃子を響かせ、幟旗を持って岩木山神社へ向かう。

「お山参詣」にむかう人々
津軽半島の脇元で模擬岩木山に参詣する人々

イ)、金剛道者(コンゴウドウサ)、一々礼拝(イーツニナノハイ)、南無帰命頂礼(ナムキミョウチョウライ)」。この唱文は、およそ「過去の罪過を悔い改め、目・耳・鼻・舌・身・意の六根の迷いを捨てて汚れのない身となり、観音菩薩・弥勒菩薩・文殊菩薩・地蔵観音・普賢菩薩・不動明王・虚空蔵菩薩・金剛夜叉明王の八仏に帰依し、金剛石のように揺るぎない信仰を持ち、八大柱の神仏を一柱ごとに礼拝し、仏菩薩に帰依して神仏のいましめに従う」を意味しているという。

さらに岩木山神社に無事登拝の報告をした後は、楼門からバダラ踊りをしながら帰途につく。下山の際には「いい山かげた、朔日山かげた、バダラ、バダラ、バダラヨー」という唱文を唱える。

その意味は、「バダラ、バダラ」は「跋折羅」、つまりオテンバ娘のように極端にはしゃぐ、おどける、はめをはずすという意を表すといわれている。バダラ踊りは登拝を無事に終えたという喜びと、お山がそれぞれの願い事を聞き入れ、登拝した人々に神通力が宿ったということを表現したものだと伝えられている。

模擬岩木山でお山参詣

ところで、津軽地方ではほとんどの地域から岩木山を臨むことができるが、鉄道が開通する以前は実際に岩木山神社まで参詣することが困難な地域では、それぞれ地元にある山を岩木山とみなし、そこへお山参詣する習俗があった。今もその名残として、津軽各地にいわゆる「模擬岩木山」に相当する山が多く存在する。たとえば、津軽半島の先端にある竜飛岬に近い脇元という地区にも模擬岩木山がある。

脇元の岩木山は、通称「モヤ山」と称される標高一五二メートルの円錐形の小高い丘である。山頂には脇元岩木山神社が祀られている。この山は、鎌倉時代より津軽三千坊のひとつとされ、修験者の信仰の山として崇められてきた。近世以降は、脇元岩木山神社として、旧暦八月一日に岩木山神社と同様の祭礼が行われるようになり、遠方からの参詣者が増加したために、一時期、岩木山神社の遥拝《ようはい》所と位置づけられたこともある。なお、地元では「モヤ山が姉で、岩木山が妹である」と伝えられている。

18 ❖ 重陽は菊花の節供

昔の節供は今日の祝日

旧暦九月には重陽《ちょうよう》の節供《せっく》が行われる。日本では、平安時代には中国の故事にならった重陽の儀礼が宮中で行われた。江戸時代には重陽は「五節供」の一つと定められた。五節供とは、すなわち正月七日の人日《じんじつ》、三月三日の上巳《じょうし》、五月五日の端午《たんご》、七月七日の七夕、そして九月九日の重陽を指す。これは平安時代に中国から伝わったもので、それが江戸時代になって民間に広まったといわれている。

節供は今日でいう「祝日」に相当する日であり、今日では「節句」という文字のほうが一般的であるが、昔は「節供」と記されていた。節供は「節会《せちえ》」、「節日《せちび》」ともいい、一年のうちの重要な神まつりの日であり、その時々に決められた供物を神に供えて、神と人が共食したことに由来する。このよ

絵巻に描かれた京都の重陽の節供(『十二月あそひ』　佛教大学蔵)
江戸時代にも重陽の節供には菊花と菊酒が重要であったことがわかる。

うな本来の意味が徐々に忘れられ、やがて江戸時代末期頃から「節句」という表記が現れ、明治になってそれが定着したものと考えられる。今日でも正月の料理を「おせち料理」というが、これは節供に特別な料理を作って神に供え、そのお下がりを人々がいただくという本来の意味を今に伝える言葉である。だから当然のことながら、昔の節供は「休日」であった。「怠け者の節供働き」という諺《ことわざ》がそのことを如実に物語っている。

邪気を払い、寿命を延ばす菊の節供

中国の古俗では、重陽には野山へ出て飲食し、また〝登高〟と称して丘や小高い山へ登る慣習があった。これは、方術《ほうじゅつ》の達人である費長房《ひちょうぼう》という人物が、弟子の桓景《かんけい》に「来る九月九日にお前の郷里に大きな災厄がある。家の者に赤い袋を縫わせて、その中に茱萸《しゅゆ》を入れ、それを持って山に登って菊の酒を飲めば災厄から逃れられるだろう」と述べた。桓景がいわれたとおりにすると災厄が消えたという伝説に由来するものである。

また、重陽の節供に欠かせないものに、「賀州の菊酒」がある。賀州とは加賀の国、つまり今日の石川県を指す。加賀の菊酒は、「菊慈童《きくじどう》」の故事になぞらえて作った地酒である。菊慈童は中国の周の時代の仙童で、容姿が美しかったので王の寵愛をうけるが、十六歳の時に罪を犯して流罪になり、配流先の南陽郡で菊の露を飲んで不老不死になったとする伝説を有する。この話は、日本でも謡曲に仕組まれて民間にも広まった。中世の軍記物語である『曾我物語』に「慈童と云ひし者は七百歳を得て彭《ほう》祖《そ》と名を変へし仙人、云々」という記述があり、「菊慈童」が菊の露を飲んで七百歳まで生きて「ほうそ」という仙人になったという伝説が記されている。菊酒はその香りと花の気品高さにより、邪気を払い、寿命を延ばすと考えられていたようだ。

加賀の国では、手取《てどり》川の上流に昔から野生菊が群生していたことから、その水は菊水とよばれ、この水を用いて酒を作ったともいわれている。菊水は先述のように不老不死の薬になるとの言い伝えから、この水で作られた酒は菊酒とよばれて重宝された。加賀の菊酒は、室町時代の十五世紀から京都で好まれたという記録があり、また豊臣秀吉も醍醐の花見の時に加賀の菊酒を褒めたたえたとも伝えられている。

収穫のまつりと重陽

重陽は、農村では収穫祭が行われる日であった。稲の収穫儀礼は、穂掛《ほかけ》祭と刈上《かりあげ》祭に大別できる。

前者は、実際の刈り取り以前に、少量の稲穂を刈って神に供える行事を指す。地域によってカリカケ・カケボ・カリソメなどという。稲の収穫は、だいたい旧暦では九月から十月にかけて行われる地域が多いが、穂掛祭は、それに先立って八月頃から行われる。初穂を荒神《こうじん》にささげたり、田の中に竹を立ててそこに初穂を掛けたりする。行事としては南島に多く見られるが、本土でも八朔《はっさく》を農休みにしたり、稲の穂掛けとしたり、八月十五夜に穂掛祭を行っている例もある。

後者は、実際の稲刈り終了直後に行われる収穫祭である。これは一般に東日本ほど早く、南に下るにしたがって遅くなる。東北の各地ではミクンチ（三九日）やオクンチなどといい、九月の九のつく日に行われる例が多く、関東から中部地方では、トウカンヤ（十日夜）と称して旧暦の十月十日頃に祭が行われる。また近畿から西日本一帯では、イノコ（亥の子）と称して旧暦十月の亥の日に行われることが多い。一般に刈上祭は、荒神・エビス、あるいは家の神棚に収穫した稲穂をささげて祀る。またカリアゲモチと称して新米で搗いた餅で団子やボタモチを作り、神に供えるとともに家族で食べることも多い。

なお、亥の子と十日夜の行事には次のような伝承が聞かれる。ひとつには、亥の子のボタモチを作り、それを食べると長命を得るというものである。また大根に関する伝承も多く、当日大根畑へ入ると大根が割れる、餅搗きや藁鉄砲《わらでっぽう》の音を聞いて大根が太る、大根の割れる音を聞くと死ぬなどという伝承もある。さらに、子どもが仮装して家々を訪れる、あるいは子どもたちが亥の子突きを行いながら各家を訪問して廻るという事例は全国的に見られる。また、物忌《ものい》みが行われるとする伝承も多い。亥の子を休日とする例や、この日は家から外へ出てはいけないとする伝承が聞かれる。これは明らかに収穫に際しての神まつりにおける物忌みであると考えられる。

ところで、日本には「菊人形」という独自の菊文化がある。菊人形は十九世紀初頭に江戸麻布の植木屋が始めたもので、以後、大阪を中心に興行化したといわれている。中でも大阪府枚方《ひらかた》市の菊人形は有名で、明治四十三年(一九一〇)より続いてきたが、二〇〇五年を最後に九十六年の歴史に幕を下ろした。日本の貴重な文化がまた一つ姿を消したと、誠に心寂しい想いであったが、その後も毎年秋には、ひらかたパークで菊人形が何体か飾られ、また、これとは別に枚方市役所などで市民団体が作成した菊人形の展示も行われている。

19 ❖ 国際色豊かな長崎くんち

長崎奉行の保護を受けて華美に

長崎では、毎年十月七日から九日にかけて「長崎くんち」が行われる。このまつりは諏訪神社の秋の例大祭で、日本を代表する風流《ふりゅう》の祭礼でもある。「くんち」の語源は、旧暦九月九日の重陽の節供、すなわち「クニチ」にまつりを行なったことに由来するといわれている。

長崎くんちの歴史は江戸時代初期まで遡る。もともと、諏訪神社は旧長崎市街地の北方に鎮座した社で、祭神として諏訪大明神・住吉大明神・森崎大権現の三神を祀っていた。江戸時代初期の寛永二年（一六二五）に長崎奉行の長谷川権六と代官の末次平蔵《すえつぐへいぞう》により、新たに神殿が現在の松森神社の地に建立され、翌年にははじめて湯立神楽《ゆだてかぐら》が奉納されたという。当時はキリスト教禁令が強化されていたにもかかわらず、長崎ではキリシタンが多数いたために、長崎奉行は人々に改宗を促すとともに、キリスト教に代わる宗教を広めるために、神社や寺院を厚く保護する政策をとった。寛永十一年には長崎奉行の命により、九月七日と九日を祭日と定め、諏訪と住吉二社の神輿渡御《みこしとぎょ》が行われた。この時、遊女であった高尾と音羽が謡曲の舞を演じたとされ、これが長崎くんちの始まりと伝えられている。さらに正保四年(一六四七)には現在の社地が寄進され、本殿が建立されて遷宮が行われた。さらに十八世紀に入ると、宝永三年(一七〇六)からは森崎大権現の神輿も渡御に加わるようになった。

このように、諏訪神社の祭礼はキリシタン対策においても重要な意味を有していたため、歴代の長崎奉行は祭礼を見聞して、その結果を幕府に報告することが務めとされていた。そのような背景により、長崎奉行はくんちの実施には非常に協力的であり、参加する人々に対して相当の経費を貸し出すという慣例が生まれた。その結果、祭礼はますます華美になる傾向が見られ、時には質素にするようにとのお触れが出されたこともあったという。

奉納踊りは風流の象徴

この祭礼の見どころは、何といっても長崎市内の各町が諏訪神社へ奉納する、趣向を凝らした「奉納踊り」である。市内の町を七組に分け、各町は七年ごとに当番が廻ってきた年に踊りを奉納することになっている。これを「踊町」という。このような慣例が作られたのは寛文三年（一六六三）の大火が大きな契機となっている。これは長崎の町の大半を焼き尽くしたという大火であり、その後長崎奉行は都市構造の大規模な再生を余儀なくされた。その結果、寛文十二年に長崎奉行・牛込忠左衛門が大きな町を分割し、新規の町割りを行って町数が八〇となるように整備した。ここから丸山・寄合・出島を除いた七七ヵ町を七つに分け、一一ヵ町が七年で一巡するというシステムができあがったのである。

このように、踊町は長崎くんちで奉納踊りを出す当番町であるが、踊町を務めて四年後には「年番町」が廻ってくる。年番町はくんちの期間のみならず、一年を通してまつりに奉仕することが義務づけられている。その年には正月から年末まで神事に奉仕するため、町の役員は多忙を極めるといわれている。年番町に課せられた具体的な役割は、祭礼当日の踊馬場における奉納踊りの進行役、踊町の入退場の整理と時間管理、さらに御旅所での警備など多岐に及ぶ。

ところで、奉納踊りの代表的な演目はやはり「龍《じゃ》踊り」であろう。現在では龍町や諏訪町などが奉納しており、踊町によって龍の種類や演出は異なる。これらの踊りはすべて中世に京都で開花したと

西濱町の龍船（長崎くんち）
奉納踊りの代表的な演目は龍踊りである。

いわれる独自の「風流文化」の象徴であるといえよう。近世の鎖国時代、長崎は日本で唯一の国際貿易港であり、外交の中心地であったと同時に、国内では貿易品の流通基地として、全国のさまざまな地域との交流があった。その時期に京都を中心とした風流の文化が伝わり、中国やオランダなどの文化と融合しながら、長崎独自の風流文化が形成されていったのである。

傘鉾は神霊の依代

長崎くんちの奉納踊りに欠かせないものに「傘鉾」がある。傘鉾は踊町の先頭を行く象徴的な造形物であり、たとえるならば、オリンピック入場式のプラカードと国旗を併せ持った存在であるといえる。傘鉾は直径が二メートルほどで、重量は一三〇から一五〇キロほどあるといわれており、ひとりの傘鉾持ちが担ぐことになっている。担ぐのは踊町の者ではなく、市内六地区の人たちで構成されている「長崎傘鉾組合」が、各踊町から依頼を受けて出演している。踊町の行列では、先頭の傘鉾の前を歩くことは決して許されないとされており、傘鉾が踊町のシンボルであることがわかる。

また傘鉾が舞うときや踊町が市内を移動するときに奏でられる囃子を「シャギリ」という。シャギリは笛と締太鼓によって演奏される音曲で、「諏訪入り」や「道中」などの曲が伝えられている。シャギリを担当するのも傘鉾持ちと同様に踊町の者ではなく、市内五地区の人たちで構成された「長崎シャギリ保存会」の者が踊町からの依頼を受けて出演している。

長崎くんちの傘鉾
踊町の行列ではシンボルである先頭の傘鉾の前を歩くことは決して許されない。

傘鉾は日本全国のきわめて多くの祭礼に登場するポピュラーな造形物で、

もとは傘が数々の民俗行事において神霊の被り物とされていたものが、転じて神霊や霊魂の依代の意味を強く有するようになったと考えられる。すなわち傘は、そのものが神聖性を帯びるとともに、傘を飾り立てることで、まさに「風流」の代表的な造形物となり、それを歌舞音曲で囃したてることによって、祭礼の行列が巡行したのである。

このように、長崎くんちは日本独自の風流文化を色濃く有する民俗芸能をともなった祭礼であるとともに、中国やオランダなどの海外の文化の影響も併せ持つ、国際色豊かな祭礼である。このような独自性ゆえに、長崎くんちは「日本三大祭り」のひとつではなく、「本朝随一のまつり」と称せられるのだといえよう。

20 ❖ 鞍馬と岩倉の火まつり

松明がクローズアップされた鞍馬の火祭

京都では、晩夏から秋にかけて多くの火まつりが行われる。特に十月に入ると、急にその頻度が増す。中でも一番著名なのは、鞍馬寺の麓で行われる「鞍馬の火祭」ではないだろうか。またあまり知られてはいないが、左京区岩倉の氏神である石座《いわくら》神社の火まつりも注目に値する。

京の三奇祭のひとつでもある鞍馬の火祭は、毎年十月二十二日に行われる由岐《ゆき》神社（左京区鞍馬本町）の例大祭で、古くは「鞍馬祭」ともよばれていた。このまつりは、多くの松明《たいまつ》と二基の神輿、八本の剣鉾《けんぼこ》が出るまつりで、今日では松明だけが有名になったが、かつては神輿と剣鉾がこのまつりの主役であり、松明の存在はさほど重要ではなかったものと思われる。鞍馬祭は、近世には旧暦九月八

鞍馬の火祭の剣鉾（福持昌之氏提供）
鞍馬の剣鉾は四本鉾という、他地域には見られない独特の形をしている。

日・九日の重陽に二日間にわたって行われていた。明治七年（一八七四）に新暦に変わった後も、十月二十二日・二十三日に行われていたが、昭和三十八年（一九六三）から二十二日のみとなった。

松明の起源に関しては、平安時代の天慶三年（九四〇）九月九日夜に、それまで御所に祀られていた由岐大明神が鞍馬に勧請された時に、村人たちが地主神である八所明神を神輿に乗せ、無数の松明を持って出迎えたという故事に由来するといわれているが、これは伝承に過ぎず、史実とは考えにくい。松明が強調されてくるのはずっと時代が下がって、近世以降のことである。今日でも二基の神輿が出されるのは、鞍馬の地主神である八所明神と由岐大明神の二神を祀るゆえである。十八世紀の江戸時代中期頃には、すでに今日の火まつりに繋がる性格のまつりが行われていたと考えられるが、詳細は定かではない。

ところで、鞍馬の火祭は鞍馬特有の「七組仲間」という社会組織が基礎単位となって行われる点に特徴がある。それは中世に端を発するといわれる家筋を示す呼称であり、鞍馬のすべての家は七組のいずれかの仲間に世襲的に属している。七組とは、すなわち法師仲間といわれる大惣（大僧）仲間、神職の集団といわれる名衆（名主）仲間、鞍馬寺の警護を担当したといわれる宿直《しゅくじき》仲間、鞍馬寺の雑事を担当したといわれる僧達《そうだち》仲間、鞍馬寺の建築と修繕を担当したといわれる大工衆仲間、大惣仲間からの分かれでまつりにおいて注連縄《しめなわ》切りを担当する太夫仲間、分家や外来者の集団といわれる脇仲間である。

まつり当日、夕刻が近づくと、手松明を持ち「神事に参らしゃれい」の掛け声とともに村中を練り歩く「神事触《しんじぶ》れ」を合図として、家々では松明の支度をはじめ、やがて幼児用のトックリ松明を持つ子どもたちに続いて、小学生から中学生の子どもたちが持つ松明へと、登場する松明も徐々に大きくなってゆく。夜になると「サイレイヤ、サイリョウ」の掛け声を響かせながら青年たちによって大松明が点火され、各仲間が剣鉾と松明を持って山門下に結集し始める。そうなるとまつりは一気に盛り上がり、狭い鞍馬の里全体が無数の松明の炎と煙に包まれ、異様な雰囲気を呈するようになる。九時を廻った頃に太夫仲間が注連縄を切り、大勢の若者たちが掛け声とともに神輿前に集まり、いよいよ

鞍馬の火祭の大松明（福持昌之氏提供）
大松明は1本100kgを超えるものもある。

神輿の渡御が始まる。神輿が急な石段を下る際には、鞍馬特有の「チョッペンの儀」が行われる。それは二人の若者が神輿の担ぎ棒にぶら下がり、周囲の者が足を持って大の字状に大きく広げながら神輿を下ろすという、たいへん危険な儀礼で、かつての成人儀礼の名残であるといわれている。これが終わると神輿は御旅所まで渡御し、そこに安置されてようやくまつりは一段落する。

　そもそも鞍馬の火祭における火は、如何なる意味を持つものなのだろうか。それは、松明の起源を語る伝承からもわかるように、神を迎えるための火であるとともに、その道を清め、かつ明るく照らす役割を有するものだったのではないかと考えられる、今日でも各仲間が諸礼と称して、お互いに松明を持って挨拶を交わすことや、松明が先に出てその後ろから剣鉾が、そして神輿が渡御することから考えても、やはり松明は道清めの意味を有しているのではないかと考えられよう。

石座神社の火まつり

また、十月二十三日にもっとも近い土曜日の未明、岩倉の氏神である石座神社でも火まつりが行われる。以前は鞍馬の火祭が終わった深夜に行われていて、火まつりのハシゴが可能だったが、今はそれができなくなった。

この火まつりの起源については、昔、雄雌の大蛇が村人を苦しめており、困った村人たちが石座明神に祈願したところ、「神火をもって退治せよ」とのお告げがあった。そこで大松明を燃やしたところ、見事に大蛇を退治することができたとする故事にちなむ。歴史的には、江戸時代の元禄年間（一六八八〜一七〇四）には今日とほぼ同様の松明があったと伝えられていることから、近世初期には行われていたことが推察できる。石座神社は、もとは現在の御旅所である山住《やまずみ》神社に祀られていた「石座明神」を天禄二年（九七一）の大雲寺（岩倉上蔵町）建立に際して、その鎮守社として勧請《かんじょう》したのが始まりとされている。

石座神社の大松明(三宅徹氏提供)
石座神社の2本の大松明は伝説の雌雄2匹の蛇をかたどっているといわれている。

このような石座神社の火まつりを見る限り、この火の意味は、大松明の起源譚にある通り、ひとつには自然災害のような災厄を払う火、すなわちケガレを祓うための火であったものと考えられる。また深夜に大松明を燃やすことから、神を神輿に迎えて御旅所へ渡御するための、いわゆる神迎えの火でもあったものとも思われる。

これらの事例を見る限り、秋から冬の季節には、火はなくてはならない重要な意味を有していたのではないかと思われる。その背景には、火伏せの祈りとともに、冬至をめぐる信仰があったのではないかと考えられる。

21 ❖ 七五三で子どもの成長を願う

七つ前は神の内

読者諸氏は「とうりゃんせ」のわらべ歌をご存じであろう。その歌詞を思い出していただきたい。「とうりゃんせ、とうりゃんせ、ここはどこの細道じゃ。天神様の細道じゃ。そっと通してくだしゃんせ。ご用のないもの通しゃせぬ。この子の七つのお祝いに、お札を納めに参ります。行きはヨイヨイ帰りは怖い。怖いながらもとうりゃんせ、とうりゃんせ」。幼い頃にこの詞を聞いて、いいようのない不思議な恐怖心に駆られた記憶があるのは筆者だけではあるまい。それにしても、わらべ歌はどれもそうなのだが、この歌詞の意味は不可解である。なぜ七歳の宮参りで「行きはヨイヨイ、帰りは怖い」のだろうか。

子どもの七歳の意味を考える時、「七つ前は神の内」という諺が重要なヒントとなる。これは七歳になる前の子どもはまだ神の領域にいることを意味しており、かつては日本の多くの地域で伝えられていた伝承である。不安定であった子どもの魂は、七歳になってようやく安定し、この世に定着すると考えられていたのである。だからこそ、七歳の宮参りは、子どもの成長過程において特に重要な意味があった。

伊豆大島の南の太平洋上に浮かぶ利島《としま》と新島では、子どもの生後十四日目をウチカタリといい、この日にハカセババアとよばれる産婆さんが〝ハカセ（博士）〟という子どもの守り神を作る。ハカセは半紙を二つに折って三角形の底の部分に米を入れ、五枚の笹の葉を挿した簡素なものである。この神は子どもが七歳になるまで家の神棚で大切に祀られる。子どもは七歳までハカセがついているから危険な場所へ行っても難を逃れるといい、また子どもの夜泣きがひどいので神棚を見るとハカセが倒れていたという話も聞く。やがて七歳の十一月十五日に、子どもは晴着を着て氏神へ参拝し、ハカセを納める。この日は、家に親戚を大勢招いて「七つ子の祝い」が盛大に行われる。これは子どもがハカセの守護下を離れて人間社会の仲間入りをしたことを披露する祝いであるといわれている。

ハカセという神をめぐる伝承は、利島や新島では産婆がハカセババアとよばれ、出産を助けるとともに、七歳までの子どもの守護神であるハカセを祀る、一種の宗教者であったことや、七歳までの子どもはハカセの守護下にいるので、事故や災難に遭遇しないと信じられていたことなど、興味深い事実を私たちに教えてくれる。しかし何よりもこの伝承は、「とうりゃんせ」の歌詞の謎解きを助けてくれる。

すなわち「七つ前は神の内」の伝承が示す通り、七歳という年齢は、神の領域にいた幼児が人間としての〝子ども〟へと移行する重要な節目であり、子どもは七歳になってようやく社会的人格が認められたのである。それはかつての守護神を氏神に返し、以後は自分の力で災厄を振り払いながら力強く生きてゆかねばならないことを意味した。「行きはヨイヨイ、帰りは怖い」とは、七歳の宮参りの本質を伝えているのではないだろうか。

東日本でさかんな七五三

ところで、三歳、五歳、七歳の歳に、村の氏神に参詣したり、子どもに晴れ着を着せて祝う、いわゆる「七五三」は、もともと中世に武士や貴族の間で行われていた儀礼である。男女三歳の髪置き、男子五歳を袴着《はかまぎ》、女子七歳の帯ときなどという歳祝いが、江戸時代になって民間にも普及し、若干形

七五三参りの子ども

式を変えながら民俗として定着していったものと考えられている。近年では、七五三の宮参りをするのは十一月十五日とされているが、これは江戸幕府五代将軍の徳川綱吉の時代に、縁起がよいとされる「鬼宿日《きしゅくび》」の旧暦十一月十五日に髪置きの儀を行い、子どもの無事なる成長を願ったことが起源だといわれている。

ところで髪置きは、男子の場合はそれまで頭髪を頭の中央と首筋にだけ残してすべてを剃り落としていたのが、この機会から髪をのばし始め、また女子はそれまでおかっぱであったものを、この機会から結髪に改めるという慣習を指す。また袴着は、字の通り子どもにはじめて袴をはかせる儀礼を指し、帯ときははじめて付紐のない着物を着せて、帯を締めさせる儀礼を指す。近年は、実際に髪形を変えることは少なくなっているが、七五三の機会にはじめて子どもに晴れ着を着せて宮参りに行くことは、日本の広い地域で行われている。たとえば愛知県知多半島沖にある篠島《しのじま》では、カミオキという慣行が近年まで行われていた。これは子どもの三歳の祝いで、今日では七五三と称して、十一月中旬の日曜日に行われている。子どもに晴れ着を着せて島中の神社や寺院に参詣し、また親戚や近所の家から足袋や下駄が贈られる。母親の生家からは、男子の場合は紋付と袴が、女子の場合は四つ身の着物が贈られ、子どもはそれを着て宮参りに行く。お祝いのお返しとしてボタモチを作り、お祝いをくれた家々に配るという。

七五三参りの子どもの装束

　このような七五三の慣習は、そもそも関東や東日本中心の習俗であり、関西や西日本の各地では、かつては一般的ではなかった。北関東の、特に茨城県や千葉県などでは子どもの七五三を特に盛大に祝う風があり、今日でもホテルの宴会場を借り切って、婚礼の披露宴に勝るとも劣らないようなきわめて盛大な披露の祝宴が行われているという。また東日本の諸地方では、七歳の子どもが地元の霊山に登るという伝承が多く聞かれるが、これは人間社会の仲間入りをする子どもに試練を与えると同時に、象徴的な〝生まれ変わり〟を期待したものと思われる。

幼児から子どもへ

このように、三歳、五歳、七歳それぞれの祝いは、すべてが子どもの健やかなる成長を願う親たちにとって大切な節目であったことは間違いないが、やはり中でも、もっとも重要な歳祝いは七歳であったようだ。今日では数え七歳は、小学校に入学する歳でもある。そのことから考えても、七歳という歳は呪術的な意味だけではなく、子どもにとって心身の成長の上からも大きな節目であったのだろう。七歳の歳祝いの背後には、幼い子どもの死亡率が高かった時代、不幸にして子を亡くした親の哀しみと、子を無事に七歳まで育て上げた親の安堵感がうかがえる。

22 ❖ 御火焚と大師講

宮中行事の系譜を引く火まつり

京都の晩秋の行事を代表するのは御火焚《おひたき》である。御火焚は宮中の「庭火《にわび》」の系譜を引きながら、種々の信仰と習合しつつ今日まで続いている、京都特有の火まつりである。これは江戸時代から京都を中心として行われてきた行事で、もともと旧暦十一月に社前で火を焚いて祝詞《のりと》や神楽を奏し、新穀とお神酒を供えて神を祀る行事であり、民間の新嘗祭《にいなめさい》の一種であるとも考えられている。御火焚は神社や寺院だけでなく、各町内でも行われ、みかんや御火焚饅頭などを供えて、それらを子どもたちに分け与えるのが古くからの慣習とされてきた。

京都で毎年最初に御火焚が行われるのは伏見稲荷大社である。新暦十一月八日、境内には三カ所の

武信稲荷神社の御火焚祭（京都市中京区）
神社の御火焚祭では神職が祝詞をあげながら行われる。

火床が作られる。まず本殿で火鑚《ひきり》神事が行われ、そこで鑽り出された神火を火床へ移して数十万本の火焚串が焚き上げられる。伏見稲荷大社の御火焚は鍛冶屋の「鞴《ふいご》まつり」としての意味を有することが特徴だといえよう。いずれにしても、京都一のスケールの御火焚であることは疑う余地がない。他にも、花山稲荷神社、八坂神社、今宮神社、車折《くるまざき》神社など、多くの神社で行われるほか、左京区太秦《うずまさ》の広隆寺や東山の正覚庵《しょうがくあん》などの寺院でも行われている。中でも正覚庵の御火焚祭は「筆供養」を目的として行われている点が特徴だといえる。

ところで、佛教大学が所蔵する、十七世紀末から十八世紀初頭頃の京都の祭事を描いた『十二月あそひ』と称される絵巻には、町家の前に小さな神輿を

近世初期、京都の御火焚祭の様子(『十二月あそひ』　佛教大学蔵)
絵巻を見る限り、江戸時代にも御火焚饅頭やみかんなどの供物が供えられていたことがわかる。

据え、その前で火を焚きながらさまざまな供物を供え、町内の老若男女が楽しげにひと時を過ごす様が描かれている。またその詞書《ことばがき》に「うちより民の家々まて、庭火をたきて神をいさむ事もゆへなきにハあらす」と記されている。また十七世紀中頃に成立したとされる俳諧『山之井』には、次のような記載がある。

祇園は午の日、かの神社は申すにおよばず、下京の氏子ども、小さな神輿を町々にかきすえつつ、大道に薪を積みて御火焚きし、また時の菓物ども、神酒など奉りはべる

また、正徳三年(一七一三)成立の『滑稽雑談《こっけいざつだん》』にも、以下のような記述が見られる。

十一月諸社御火焼の神事あり。これ当年の新穀

を初めて共進の神事なり。官符ありてこれを勤むるは新嘗祭といひ、官符なき社、その神官これを供へ奉る。神事夜分に行ふゆえに、庭燎を設く。俗、御火焚きといふ

このことから、近世には官符を受けた大社で行われる御火焚は「新嘗祭」といい、そうでない名もなき小社で行われるものが御火焚と称されていたことがうかがえる。

収穫の感謝と太陽への祈り

御火焚が旧暦十一月、つまり霜月に行われるのは、この月には最後の収穫祭である「新嘗祭」が行われることと、さらにこの月が「冬至」の月であることと深い関わりがあると考えられる。新嘗祭は皇室が中心となって行われる収穫祭であるが、民間で行われる新嘗祭は、一般に「霜月祭」とよばれる。このまつりにはさまざまな形態が見られるが、基本的には先祖に新穀を供えて収穫を感謝し、来る年の豊饒を祈願するまつりである。そして霜月下旬には冬至を迎える。冬至は一年でもっとも昼が短くなる日であることから、昔の人々はこの時期に太陽の力がもっとも衰えるものと考えていた。さらにその影響によって人間の生きるための力も枯渇してしまうと考えていたに違いない。衰弱した太陽のエネルギーを復活させ、また人間の枯渇したエネルギーを再生させるためのまつりが、ほかなら

ぬ霜月祭だったのではないだろうか。このような信仰的基盤が御火焚や霜月神楽などの、民間の新嘗祭としての霜月祭として残ったものと考えられよう。

冬至の来訪神

冬至の月である霜月に行われるもっとも象徴的な行事は「大師講」である。大師講は、古くは霜月二十三日から二十四日にかけて行われた行事で、この日はオダイシサマが姿を変えてこっそりと訪れる日であるから、大師粥とよばれる小豆粥を作って接待するなどという伝承が全国の広い地域から聞くことができる。

オダイシサマとは、古くはタイシ（太子）、すなわち尊い客人神《まろうど》を意味した語であったものが、後に仏教思想の影響によって弘法大師（空海）を代表とする高僧を指すようになったと考えられる。中には元三《がんさん》大師（良源）や達磨《だるま》大師だという例もあり、必ずしも弘法大師と決まっているわけではない。いずれにしても、庶民にとってはめったに謁見《えっけん》することがないような高僧であることは間違いない。またオダイシサマは、この日には乞食のようなみすぼらしい姿をしてやって来るともいわれている。また一本足であるとか、足がスリコギのようになっているなどという、身体障害に関する伝承も聞かれる。いずれにしても古い大師講の伝承には、太陽がもっとも衰える季節、すなわち冬至に、遠いところから神がやってきて人々に幸をもたらすという、日本人の原初的な信仰としての来訪神信仰を垣間見ることができるのである。

このように考えてみると、霜月に収穫感謝祭としての新嘗祭を行うことの意味が少し見えてくるのではないだろうか。すなわち、実際の稲の収穫はずっと以前に完了しているにも関わらず、なぜ霜月という遅い時期に収穫祭を催行するのか。それは冬至に際して、太陽やその他万物のエネルギーを再生させ、来る年の豊饒を祈願するいわゆる霜月祭に、収穫祭としての新嘗祭を合わせた結果ではないか。現実的な収穫感謝のまつりはすでに終わっているにもかかわらず、朝廷が主催する官祭としての新嘗祭は、あえて冬至の季節に合わせる形で催行されたことの名残を今に伝えているのではないかと思われるのである。そこには、枯渇しきったエネルギーを再生させ、さらに新たな命が生み出されるとされた冬至の季節に、来る年の豊饒を祈願せんとした古い時代の人々の祈りの心が見え隠れしているように思う。

23 ❖ 女人が鬼と化すとき

鬼女伝説のパターン

鬼といえば、日本におけるもっとも古い魑魅魍魎《ちみもうりょう》、妖怪変化《へんげ》の代表であり、また人間の心の内を映し出す鏡であるともいわれ、長い歴史の中で数多くの芸能や文学の題材とされてきた。数ある鬼伝説の中には、女人が何らかのきっかけで鬼と化す、一般に「鬼女伝説」と称されるものがいくつか伝えられている。それらを概観してみると、女が鬼と化す背景には次の二通りのパターンが見られることがわかる。そのひとつは、愛する男の心変わり、背信、裏切り等による嫉妬や恨みから鬼と化す例である。ひとまずこれを「第1のパターン」とする。もうひとつは、自らのあってはならない過失等による衝撃、後悔、懺悔により、人間としての精神を保つことができずに鬼と化す例である。これを「第

鬼女紅葉（えんま堂大念仏狂言「紅葉狩」）
鬼女紅葉の伝説は「紅葉狩」として能や大念仏狂言の演目にも取り入れられている。

2のパターン」とする。

中央に抵抗して退治された鬼

代表的な鬼女伝説を具体的に紹介してみよう。

まず「鬼女紅葉」を取り上げたい。これは信州の戸《と》隠《がくし》山（長野県）に伝わる伝説で、第六天魔王の申し子として会津《あいづ》に生まれた呉葉《くれは》は、やがて都へ上り、名を「紅葉」と変え、その美貌と妖力を使って源経基《つねもと》に近づき、その寵愛を一身に受けるようになる。

そのうちに紅葉は経基の正妻の地位を得たいと思うようになり、そのために奥方を呪詛《じゅそ》することを試みるが、それが発覚して経基の怒りをかい、ついに戸隠山へ追放されてしまう。紅葉は都の華やかなくらしを思い出しながら、経基の仕打ちを逆恨みするようになり、やがて人々を襲って人肉を食らう鬼女となる。そのうわさは都へも聞こえ、紅葉討伐の勅命を受けた平維茂《これもち》によって紅葉は退治されてしまう。

ところが、紅葉と平維茂が争ったとされる長野県鬼無里《きなさ》村（現長野市）では、紅葉は医薬や文芸に秀で、村民に施しを与える「鬼女」ならぬ「貴女」として伝えられているという。このことからも、鬼女紅葉の伝説は、丹後の大江山に伝わる酒呑《しゅてん》童子伝説と同様に、中央の権力に抵抗して退治された鬼の姿が見え隠れしているのかもしれない。なお紅葉の伝説は、「第1のパターン」の鬼女伝説に分類されるものである。

清姫は鬼ではなく蛇に変身

次に、紀州に伝わる「安珍《あんちん》・清姫《きよひめ》伝説」を紹介しよう。平安時代、奥州白河より熊野に参詣に来た安珍という名の若き僧がいた。この僧は大層なイケメンであったという。紀伊国真砂の庄屋の娘・清姫は、宿を借りた安珍を見て一目惚れし、夜這いをかけて迫る。修行中の身である安珍はたいへん困りはて、帰路にはきっと再び立ち寄るからと嘘をつき、参拝後は立ち寄ることなくさっさと立ち去っ

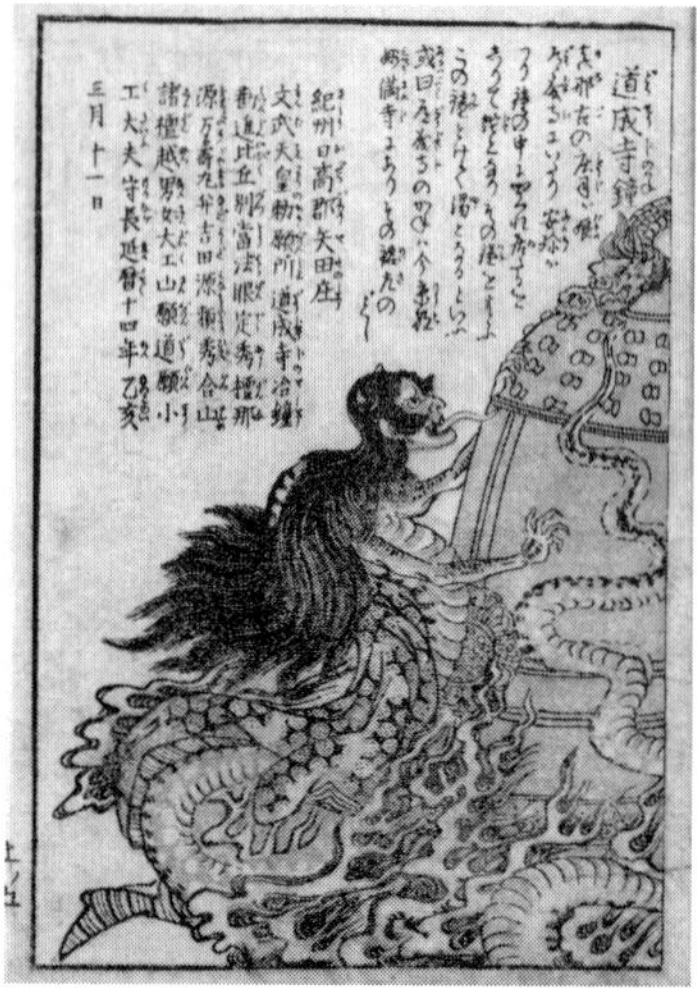

鳥山石燕『今昔百鬼拾遺』（1781年、国立国会図書館蔵）にみる道成寺の鐘と蛇身の清姫

てしまった。待てど暮らせど、恋しい人が戻ってこない清姫は、やがて騙されたことを知って怒り狂い、安珍を追跡してようやく追いつくが、安珍は再会を喜ぶどころか別人だと嘘を重ねて逃げてしまう。ここに清姫は激怒し、ついに蛇身に化けて日高川を渡り、道成寺《どうじょうじ》に逃げ込んだ安珍を追う。安珍は道成寺の僧たちに助けを求め、梵鐘を下ろしてもらいその中に逃げ込む。しかし清姫は蛇の姿のまま鐘に巻き付き、火を吹いて鐘ごと焼き尽くし、安珍は鐘の中で焼き殺されてしまう。清姫は安珍を殺した後、自ら蛇の姿のまま日高川に入水して果てるというくだりで物語はひとまず幕を閉じる。その後の顛末は幾通りか伝えられているが、そのひとつは、蛇道《じゃどう》に転生した二人は道成寺に現れて供養を頼む。僧の唱える法華経の功徳によって二人はようやく成仏する。実はこの二人は熊野権現と観世音菩薩の化身であったと、法華経の功徳を讃えて終わるというものである。

この話も明らかに「第1のパターン」に分類される鬼女伝説だが、清姫は鬼ではなく、蛇の姿に化す点に注意する必要があろう。これは、女の愛欲の情や嫉妬の象徴が蛇だとする仏教思想の影響が考えられる。しかし直接的には『熊野観心両界曼荼羅《まんだら》』に描かれた「両婦地獄《ふためじごく》」、すなわち蛇の姿の二人の女人がひとりの男に巻きつく様として描かれた地獄絵の影響があったとも考えられるが、この点は今後さらに詳細に検討してゆく必要があろう。

次に、奥州安達ヶ原《あだちがはら》に伝わる「黒塚《くろづか》」の伝説を紹介しよう。昔、岩手という女性が京の都の公家屋敷に乳母として奉公していた。彼女の可愛がる姫は生まれながらにして不治の病におかされており、五歳になっても口がきけなかった。姫を溺愛する岩手は何とかして姫を救いたいと考え、妊婦の胎内にいる胎児の生き胆が病気に効くという易者の言葉を信じ、生まれたばかりの自分の娘を都において旅に出る。奥州の安達ヶ原に辿りついた岩手は岩屋を宿とし、標的の妊婦を待った。長い年月が経ったある日、若い夫婦がその岩屋に宿を求めた。女は身重である。ちょうど女が産気づき、夫は薬を買いに出かけた。その機会に、岩手は出刃包丁を取り出して女に襲いかかり、女の腹を裂いて胎児から肝を抜き取った。だが、女が身に着けているお守りを目にし、岩手は驚いた。それはなんと、自分が京を発つ際にわが娘に残したものだった。今、自分が殺した女は他ならぬわが子だったのである。あまりの出来事に岩手は精神に異常をきたし、以来、旅人を襲っては生き血と肝をすすり、人肉を食する鬼婆に成り果てたと伝えられている。これは「第2のパターン」に分類される鬼女伝説だといえるだろう。

人間の弱さを映し出す鬼

以上三話の伝説について紹介してきたが、鬼とは必ずしも絶対悪の対象ではなかったのではないかと思えてならない。これは換言すれば、鬼とは常に両義的、可変的な存在だったのではないかということである。特に鬼女伝説に限ってみれば、その背景には、女の異常な嫉妬や後悔によって鬼と化すという側面と、一方では中央の支配から追われた、敗者・異端としての鬼の側面の両面が見られるように思う。後者は女に限らず、男女ともに共通する鬼の性格だといえる。さまざまな伝説に登場する鬼女は、恐ろしい半面、一方で人間的な一面が表現されていることに気づく。考えてみれば、嫉妬も憎悪もすべて人間的な感情から生まれるものであるから当然のことなのかもしれない。やはり鬼の出現の背後には、人間が持つ醜さや弱さが見え隠れしているといえるのではないだろうか。

冬

24 師走の仏名会と節季候

師走は大祓の月

霜月は冬至の月であり、そこでは様々な火まつりが行われていた。ならば師走、すなわち旧暦十二月は、如何なる意味を有する月だったのだろうか。私は、師走とは、元来「大祓《おおはらえ》」のための月だったのではないかと考えている。近世までの京都では、師走には朝廷を中心として大祓という行事が行われていた。これは人間や家屋、その他の生活空間にしみ付いた〝罪〟や〝ケガレ〟あるいは〝厄〟などを祓い清めるための儀礼であり、本来の大祓は、人間をはじめとする諸々の心身を祓い清め、私たちが住む世界の更新を図ることが目的だったのである。

悔過の行事としての仏名会

浄土宗総本山の知恩院では、十二月二日から四日まで、阿弥陀堂において仏名会《ぶつみょうえ》が行われる。室町時代には、仏名会は「仏名懺悔《ざんげ》」とよばれ、年の暮れに過去・現在・未来の三千仏の名を唱えて、一年間の罪やケガレを懺悔することを目的として行われていたという。これは換言すれば、仏教でいう滅罪信仰としての「仏名悔過《けか》」の行事だったということができるだろう。特に吉祥天《きちじょうてん》に対する「吉祥悔過」が一切の罪を滅ぼすとされていた。

このように、歳末に寺院で行われる悔過を意味する行事は、宮中の大祓と共通する儀礼であると考えられる。そもそも悔過とは、仏教において三宝に対して自ら犯した罪や過ちを悔い改めることを意味する。さらに悔過を行うと同時に利益を得ることを目的として行う儀式・法要などの行事のことを指す場合もあるといわれている。対象となる本尊は、薬師如来である場合には「薬師悔過」、吉祥天である場合には「吉祥悔過」、観音菩薩である場合には「観音悔過」と称した。平安時代中期には悔過と称する行事は衰退していくが、代わって年明けに行われる修正会《しゅしょうえ》や修二会《しゅにえ》などが悔過の行事として行われるようになる。

御身拭式（京都市知恩院）
知恩院の浄土門主以下、大勢の僧侶たちが法然上人像を祓い清める。

また、仏名悔過の儀礼には導師として奈良や京都の高僧が招聘《しょうへい》された。これらの導師たちが東西に馳せ走ることから、旧暦十二月は「師走」とよばれるようになったという説があるが、おそらく師走の語源はそこにあるのだろう。

ところで、知恩院では年末の十二月二十五日には、御影堂《みえいどう》に安置されている法然上人像の御身拭《おみぬぐい》式《しき》が行われる。一年間に積もった塵汚を浄土門主みずから払い清める法会である。

この御身拭式は江戸時代初期の慶安三年（一六五〇）に始まったといわれている。信徒にとっては、法然上人像を間近に拝む一年に一度の機会であり、浄土門主が御身拭に使用した布は、信仰の篤い信徒に「御身拭袈裟《けさ》」として授与される。

絵巻に描かれた近世初期の節季候（『十二月あそひ』　佛教大学蔵）
絵の中央下部に覆面をして肩から白い袋状の布をかけた4人連れの者が節季候である。

この法然上人像の御身拭式も、また歳末の大祓としての意味を有していると考えられる。

庶民の罪・ケガレを引き受ける芸能者

宮中や神社で行われる大祓と同様の意味を有する行事は、寺院行事としても行われていたことがわかった。しかしいずれにせよ、一般庶民はどちらにも関わる機会は稀であったに違いない。とすれば、京の都に住む多くの庶民たちは、如何にして一年の罪や災厄、ケガレを祓ったのだろうか。

佛教大学所蔵の『十二月あそひ』という近世初期の絵巻物の「師走」の絵の中に、「節季候《せきぞろ》」とよばれる人たちが登場する。その詞書《ことばがき》の中には「年月暮て、節季候とおとりはねて、物をこふところもあり」という記載がある。「踊りはねて、物をこう」ということから、節季候とは、年の暮れに家々を廻って何らかの芸能を披露する、門付けの芸能民だったことがうかがえる。このような役割は、中世以来雑種賤民の仕事とされた。四人ほどが一組となり、裏白《うらじろ》（シダの一種）を頭に載せ、布で顔を覆い、肩から細長い袋状のものをさげて家々を廻ったようである。年末年始の諸芸能は、千秋万歳《せんずまんざい》や大黒舞などを中心とするいわゆる「祝芸《はふりげい》」であり、節季候もその一種だと考えられる。裏白を頭に載せていることが興味深く、裏白が正月の注連飾りに使用されることから、祓いの意味があったものと考えられる。

ところで、江戸時代前期の貞享二年（一六八五）に著されたという『日次紀事《ひなみきじ》』の十二月十二日の項に次のような記載がみられる。

今日より乞人笠の上にしだの葉を挿し、赤布巾を以て面を覆い、両目を出、二人或は四人相共に人家に入りて庭上に踊を催し、米銭を乞、是謂節季候、則節季歳暮を告る詞也、倭俗候の字也の字に代りて之を用ふ、二十七、八日に至て止む。

これによれば、節季候は十二月十二日から二十七日あるいは二十八日まで、京の市中を廻っていたことがわかる。また節季候の語源については、「節季歳暮を告る詞」に由来することもわかる。京にくらす庶民たちは、節季候のような芸能者に一年の罪やケガレを託すことで、自ら「祓え」をしていたのではないだろうか。年末の門付け芸能は、庶民たちにとっての大祓の一形態だったのではないかと考えられる。

現代のくらしから失われた悔過の精神

かつての人々は、年末年始、さまざまな方法を用いて、懸命に自らの罪やケガレを祓うことに努めた。ところが今日では、多くの人が自らの罪やケガレを省みることもなく、ただ新年の初詣でさまざまな現世利益を祈願するのみである。それはすなわち、現代社会のくらしのすべてにおいて、回顧や内省といった心情を改めて意識する機会があまりにもなさ過ぎることが原因ではないのだろうか。先人たちが伝えてきた「大祓」や「悔過」という、現代社会とはまるで縁のないような営みこそ、今日を生きる私たちがその意味を深く再考し、少なくともそれに代わる、何らかの内省の機会を持たなくてはならないのではないかと思う。

25 ❖ 討伐され祀られる鬼たち

玉垂宮「鬼夜」の秘儀

新年には全国でさまざまな興味深いまつりが行われる。その中でも特に勇壮な火まつりである「鬼《おに》夜《よ》」という行事を紹介しよう。これは、福岡県久留米市大善寺町に鎮座する玉垂宮《たまたれぐう》で行われる追儺《ついな》の行事で、国の重要無形民俗文化財に指定されており、那智（和歌山県）・鞍馬（京都市）とならんで、日本三大火まつりのひとつに数えられている。

玉垂宮は今からおよそ一九〇〇年前の創建と伝えられる古社で、玉垂宮（藤大臣・高良玉垂大菩薩）、八幡大神、住吉大神を祭神とする神仏習合の祭祀対象として広域から篤い信仰を集めてきた。明治初年の廃仏毀釈によって神宮寺であった大善寺は廃され、玉垂宮のみが残って現在に至っている。

玉垂宮の本殿（福岡県久留米市）

毎年正月七日に行われる「鬼夜」は、数百人の裸の男たちと日本一といわれる六本の大松明による勇壮な火まつりで、大晦日の夜から正月七日までの鬼《おに》会《え》と称される行事の最後に行われる。鬼会では、大晦日の夜に燧石《ひうちいし》でおこした御神火（これを鬼火という）を神殿に灯し、神職が七日七夜守り続けて、天下泰平・国家安穏・五穀豊饒・家内安全を祈願する。その満願の日が正月七日の鬼夜である。鬼会は古来の大秘事とされ、かつては神職をはじめすべての村人たちは、まつりで何が行われるかを口外することが厳しく禁じられていたといわれている。このように、鬼夜はきわめて秘儀的な性格が強い行事であったことがわかる。

桜桃沈輪の伝説

玉垂宮に伝わる古文書には、四世紀の仁徳天皇の時代に、藤大臣が当地を荒らし廻って人々を苦しめていた悪党を、松明の火で討伐したことが記されている。当時、この地方には桜桃沈輪《ゆすらちんりん》という暴徒が悪の限りを尽くし、国を奪おうと暴れまわっていた。そこで、筑紫の豪族葦連《あしのむらじ》は沈輪退治を大和朝廷に願い出た。朝廷はすぐさま藤大臣に沈輪討伐を命じて筑紫国へ送った。沈輪は水中にも隠れることができる恐ろしい悪党であることを聞かされた藤大臣は、何千という兵を従えて沈輪を探したが、どこにも姿が見えない。さては水中に身を隠したかと思い、大臣の命で焚かれた大松明があたりを昼間のごとく照らし出した。大臣の兵たちが槍で池の底を突きまくると、ついに沈輪が水上に現れた。ここぞとばかりに、大臣は沈輪の首をはね、首は最後に茅の火で焼かれたという。これでひとまず筑紫国に平和が戻った。

ところが、それから約三〇〇年の月日が経過した頃、玉垂宮と高法寺（後の大善寺）上空に鬼火が舞って村人たちを怖れさせた。鬼火が出る年は凶作や水害が続き、筑紫国に多大の被害をもたらすといわれたからである。そこで葦連の子孫である吉山久運が玉垂宮に参拝すると、桜桃沈輪を退治した藤

鬼が籠る鬼堂（玉垂宮）

大臣の霊が現れ、本殿の脇にお堂を建ててその中に鬼火を封じ込めよと告げた。久運の依頼を受けた高法寺の安泰和尚は、早速本殿脇に鬼を封じ込めるためのお堂を建てた。和尚が経を唱えると、どこからともなく怖ろしい鬼神の声が響いた。和尚は大声で経を唱え続けると、鬼神が暴れ出し、空には稲妻が走って激しく落雷がおこったという。恐ろしい鬼神は、三〇〇年前に藤大臣によって首を焼かれた桜桃沈輪の悪霊であることがすぐにわかった。沈輪は首を焼かれて壮絶な死を遂げたが、その後だれも供養する者がいなかったために、怨念だけが残って悪霊となったのである。安泰和尚が大松明を灯して闇夜を照らすと、鬼神が姿を現したので、久運は鬼神めがけて矢を放ち、安泰和尚もずっと休むことなく経を唱え続けた。するとようやく静けさが戻った。安泰和尚はその後、毎年大晦日から沈輪の命日である正月七日まで鬼会祈祷を行うようになった。それが今日の鬼夜の始まりだと伝えられている。

この説話の背後には、いかなる悪人であっても、死後は誰かが何らかの弔いをしなければならず、それを怠ると死霊は成仏せずに怨霊となって祟りをなすという仏教思想が見え隠れしているように思う。時の権力に従わぬものは「鬼」とみなされて討伐されるのだが、最後は祀られてはじめて世は平安に戻ると考えられていたのであろう。さらに安泰和尚が休まず経を唱え続けたことにより、沈輪の怨霊が成仏したと考えれば、ここには仏法の尊さ、経典のありがたさが説かれていることも忘れてはならないだろう。

鬼が人々に幸をもたらす

ところで、鬼夜の行事の中で特に注目すべきは夜の大松明廻しで、裸の男たちが火の粉を散らしながら本殿の周りを勇壮に廻る中、「棒突」とよばれる子どもたちが、阿弥陀堂に籠っていた鬼たちをこっそり外へ連れ出し、人目につかぬように囲みながら堂の周囲を七回半回り、その後、社前の川で禊《みそぎ》をして神殿に帰るという珍しい所作を行うことである。これは、鬼たちが前年の一年間の人々の一切

燃える「鬼夜」の大松明(玉垂宮)
6本の大松明に点火されると、境内は昼間のように明るく照らし出される。

の罪やケガレを受け止め、それを洗い流して清めることを意味すると伝えられている。棒突の子どもたちは、人間の世界とそうではない別の世界の間の秩序を守る役割を担う者だと理解されていることから、鬼役の者は人間の世界とは異なる世界の存在であり、その鬼たちが人間世界の罪やケガレを祓い清める役割を担っているといえよう。これは人間にとっての「鬼」の存在意味を考える上で、非常に示唆に富んだ事例だといえるのではないか。つまり、この鬼たちは追儺で追われる存在ではなく、人々に幸をもたらす、神そのものだと考えることができるだろう。

玉垂宮の鬼夜に登場する鬼たちのように、鬼は必ずしも人間に災いをもたらすだけの存在ではな

移動する「鬼夜」の大松明(玉垂宮)
重さ1.2トンの大松明はカリマタとよばれる樫の棒で支えられながら移動する。

く、逆に人々に恵みをもたらすとする伝承は各地から聞くことができる。日本では、鬼は常に両義的、多義的な性格を有しているのである。さらに、悪をなしたがゆえに権力者によって討伐された者も、最後は祀られる対象となる。日本では他国の宗教に見られるような「絶対悪」は存在しない。ここに、日本独自の死霊祭祀の特質がうかがえるといえるだろう。

26 ❖ 年の節目に訪れ来る神々

日本各地に伝わる来訪神の行事

秋田県の男鹿《おが》半島で、大晦日の夜に「ナマハゲ」とよばれる鬼たちが家々を訪れることは多くの読者諸氏がご存じであろう。筆者も十数年前にナマハゲの調査を行ったことがあるが、ナマハゲは実際に見るとテレビなどで見るよりずっと迫力があり、今でも女性や子どもたちにとっては本当に脅威である。

ナマハゲは神の側面と鬼のような恐ろしい側面の両面を兼ね備えた存在で、「来訪神」とよばれる民俗神である。日本にはナマハゲ以外に、岩手県に伝わるスネカなど多くの来訪神の行事が伝承されている。そもそも来訪神とは、一年の節目とされる日に、私たちの住む世界とは異なる世界からやってくる神を意味するが、実際の行事では、村の若者や子どもたちが様々な面を被り、仮装して神に扮して家々を訪れる。

「ナマハゲ」は「ナモミハギ」という言葉が語源だといわれている。昔、冬の間に仕事をせずにずっといろりに当たっていると、膝や手の甲などが低温やけどの症状になるが、その状態を火斑（ナモミ）といい、そのナモミをはぎ取るという意味がナモミハギである。つまり怠け者を戒めるという言葉がナマハゲの語源ということになる。また、ナマハゲは現在では大晦日の夜に行われる来訪神の行事だが、昔は小正月、つまり一月十五日に行われていた。今は一月一日の元日が一番重要なお正月だと考える人が多いだろうが、古い時代の記録を見ると、一月十四日と十五日の小正月にさまざまな行事が集中していて、特に農村部では、小正月が一年でもっとも重要な節目だったと考えられる。

ナマハゲの起源

ところで、ナマハゲの起源を示す伝承として、次のような三種の話が伝わっている。第一は、昔、漢の武帝が連れてきた五匹の鬼がたびたび悪事を働いて村人を困らせたので、あるとき村人たちは鬼たちに対して、一晩の間に一〇〇〇段の石段を築くように交換条件を出し、それができたら村人の負けで鬼たちの自由を許す。しかしできなかったら、鬼たちは村から出てゆくというものであった。鬼たちは夜明けまでに九九九段の石段を完成させたが、あと一段という時に、物まねのうまい村人が鶏の鳴き声を上げ、鬼たちはそれに騙されてやむなく負けを認めたという。それ以来、村人たちは騙した鬼から祟られないために、年に一度ナマハゲの行事を行うようになったと伝えられている。

ナマハゲ（秋田県男鹿市）

第二は、あるとき、異邦人の乗った船が男鹿半島沖で難破し、その異邦人が岸へたどり着いて山に住み着き、夜な夜な村へ下りて来てナマハゲになったという話である。また第三は、修験の道場とされていた男鹿三山に住む荒神様が、怠け者を叱るためにやってくるのがナマハゲだという話だ。

先の二つの伝承は、いずれも異文化の移入をイメージさせる話で、しかも大陸からの伝来を示唆する伝承として語

スネカ（岩手県大船渡市）

られている。このように、ナマハゲの起源伝承の中に、大陸文化の痕跡が見え隠れすることはたいへん興味深いことだといえよう。

一方岩手県に伝わるスネカは、一月十五日夜に家々を訪問して、冬の寒さで家に閉じこもりがちな子どもたちを戒め、健やかな成長を願う来訪神行事である。これはナマハゲと同様の行事で、蓑《みの》をまとった地域の青年たちが、鬼とも獣ともつかない恐ろしい形相の面をつけてスネカを演じる。スネカの語源はナマハゲと同様で、脛《すね》にできる火斑をはぎ取るという意味だといわれている。

スネカに関する伝承では、難破船からの異邦人説、交易船が三陸沿岸に伝えた説など起源は定かではないが、吉浜地区には古い面が伝えられていることから、おそらく江戸時代にはこのような来訪神の行事が行われていたと考えられる。スネカは、おそらくナマハゲの影響を強く受けていると考えられる。そもそも来訪神の行事は太平洋沿岸には少なく、日本海沿岸には多く伝えられている。このような分布域に関しても、その背景について考えてみなければならない問題かもしれない。

来訪神の両義性

ここで来訪神の性格について改めて考えてみたい。ナマハゲもスネカも、ある意味では怖い性格の神であるが、一方で、新しい年に幸せをもたらしてくれるような性格を併せ持つ神でもある。柳田国男や折口信夫の学説では、日本の民俗神は、基本的には「客人神《まろうどかみ》」が本来の姿だったといわれている。その意味では、来訪神はまさに客人神である。現代の一般的な日本人は、神とは、無条件に私たちに幸せをもたらしてくれるものと考えているといえるだろう。神社へ参拝する人たちは、神前に賽銭を投げ、頭を下げて拝めば、願い事を叶えてもらえると信じている。少なくとも、その神から災いがもたらされるなどとはゆめゆめ想像できないのではないか。しかし、このような神への信仰が古くからあったかどうかは疑問である。おそらく日本人の古い神の姿は、これまで紹介してきた来訪神のように、二つの性格を併せ持っていた可能性が高いと思われる。神の性格における「両義性」である。私たちのくらしに幸せをもたらす一方で、不幸や災いをもたらす可能性もあるということである。日本人は、自分たちに都合のよい面だけを取り入れて、都合の悪い面を無視したり、拒絶することができない心性を有していたようだ。

私たち日本人の心の奥底には、もちろん自分たちが幸せになりたい、あるいはその幸せをもたらしてくれるものに手を合わせて何かを願うという気持ちがある。しかし同時に、自分たちに対して何か悪いことが起こるかもしれないという、戒めにも似た心情を心のどこかに持ち合わせながら幸せを願うという信仰があるように思う。このような両義的な神や仏に対する意識が、日本の基層信仰の中にあるのではないかと私は考えている。来訪神行事の中に、このような日本の古い基層信仰の一側面を垣間見ることができるのかもしれない。そしてそのような信仰のあり方は、資本主義の中で、常に現世利益を追求してきた現代の日本人が忘れかけた、神や仏に対する本来の謙虚な信仰心なのかもしれないという気がしてならない。

27 ❖ 道祖神と兄妹婚伝承

多様な信仰を持つ道祖神

関西より西の地域に在住の読者諸氏にはあまり馴染みがないかもしれないが、中部地方にお住まいの方にとっては、道祖神という神はきわめて身近な存在なのではないだろうか。道祖神は地域によって塞《さい》の神《かみ》・道六神、また古くは久那土神《くなどのかみ》・岐神《ふなどがみ》・猿田彦《さるたひこ》などともよばれ、日本の民俗神の中でもっともポピュラーで、人々にとって親しみのある神のひとつである。

道祖神は一般には村の境界や道の辻に祀られて、村内に厄病神などの邪霊悪霊が入り込むのを防ぐ機能を有するといわれるが、その他に、病気治癒の神、男女の和合・婚姻を司る神、子授け・安産の神、農耕の神など、地域によってきわめて多様な信仰の対象として祀られている。道祖神のまつりは小正月に行われることが多く、火まつりをともなった例も見られる。また道祖神まつりには子どもが主体となる場合が多い。

道祖神信仰の研究においては、これまで、神の性格とその信仰やまつりをめぐる研究、神像としての道祖神碑をめぐる研究、道祖神に関する説話・伝説をめぐる研究など、各方面からのアプローチがなされてきた。道祖神は、その神像の多くが男女一対の双体形や陰陽形をとり、さらに抱擁や接吻等の性的な要素が強いために、その部分のみが強調され、ややもすると興味本位の研究になりがちな傾向が見うけられた。しかし道祖神信仰は、男女の性に関するもの以外にきわめて多くの信仰的要素を有しており、その解明には多角的な考察と分析が求められる。

兄と妹が夫婦になった神

道祖神のまつりはほとんどの地域で小正月、すなわち一月十四日から十五日に行われることが多い。その中で、山梨県北部地方において道祖神が火の中へ投げ込まれるという習俗が見られる。その説明として、道祖神は人間の一切の罪やケガレを背負って焼かれるので、人を清浄にするのだという伝承と、道祖神がわが身をこがしてくれるので、人がヤケドを負わずにすむのだという伝承とがある。ま

双体道祖神（長野県安曇野市）
道祖神は男女一対の双体形や陰陽形をとるものが多い。

た、留守に家を焼かれる道祖神の伝承もある。小正月の道祖神まつりの囃し言葉の中に「ドウロクジンはおん馬鹿だ。家を留守にしたもんで子どもに火つけられて」、「バーカよ馬鹿よ道祖神は馬鹿よ、サイの河原は火事出して、道祖神は丸焼けだ」などという悪口が語られる例も見られる。このような伝承は、長野県・新潟県・山梨県と広範な地域から報告されている。

さらに興味深いのは、道祖神はもと兄妹が夫婦になった神であるとされる伝承だ。これは長野県下全域、特に下《しも》伊《い》那《な》郡に多く見られる。また九州の一部の地域では、道祖神は父娘が夫婦になった神であるともいわれている。

長野県下伊那郡遠山地方に伝わる伝承を紹介し

よう。昔ある所に二人の兄妹がいた。二人は年頃になると、それぞれ妻と夫になるべき人を捜しに求婚の旅に出た。しかしどこへ行っても思わしい人には出会えず、長い漂泊の旅が続いた。そのうちある場所で、妹はこれはと思う立派な若者に出会った。若者もその娘を一目で好きになった。そこで二人は夫婦の契りを結び、若者は妻を自分の故郷へ連れて帰るとて旅路についた。幾日かして辿りついた若者の故郷は、妻にとっても同じ故郷であった。そこで語り合ってみれば二人は兄妹であることがわかり、二人は嘆き悲しんだ末、相抱き合って谷川の淵に身投げして果てた。村人は二人の死を哀れんで石像に刻み、村の道端に祀るようになったという。

道祖神起源伝承と洪水神話

このような、反社会的ともいえる近親相姦伝承を長く伝えてきた背景には、いかなるメッセージが見え隠れするのだろうか。道祖神研究の第一人者である民俗学者の倉石忠彦は、この道祖神起源伝承は洪水によって一旦滅びた世界が、ある始祖によって再び創造される、いわゆる洪水神話と非常に近似していることを指摘している。洪水神話は旧約聖書の「ノアの方舟」を嚆矢に、世界中に広く分布する神話であるが、日本とその周辺地域では、沖縄から中国西南部、台湾からインドシナ半島にかけて、津波や河川の大洪水によってほとんどの者が死滅した後、生き残った兄妹が夫婦となって新しい世界を創造したとする神話が分布している。例外的に沖縄県の与那国島や伊豆八丈島では、生き残って夫婦になったのは兄妹ではなく母子であったとする始祖神話が伝えられているが、これは近親相姦始祖神話のひとつのバリエーションと見ることができるだろう。

道祖神起源伝承では、道祖神が双体形で祀られることの背景として兄妹婚が伝えられているだけで、必ずしも洪水伝承や新たな世界の創造について語られているわけではない。しかし兄妹が抱き合いながら谷川へ身を投げたとする語りや、道祖神や近親相姦伝承こそ直接は登場しないが、長野県の松本地方や大北《だいほく》地方に伝わる泉小太郎伝説は、広大な湖だった松本盆地を龍である母と人間の息子が水路を開拓して排水し、耕地に変えて人々が住める土地にしたとする内容であり、いずれも水や新たな世界の創造をイメージさせる説話である。

確かに道祖神起源伝承では、洪水によって滅亡した世界を兄妹、あるいは母子が夫婦となって新たに創造するというストーリーが完全な形で語られているわけではない。その後半部分に相当する一部のみが、神の創出の背景として示されているに過ぎない。しかし、兄妹相姦を含む道祖神起源伝承は、少なくとも洪水神話の影響を何がしかの形で受けて伝えられてきたことは間違いないだろう。その背

泉小太郎のオブジェ（長野県大町市）

景を具体的に解明する必要があるが、それは道祖神研究の今後の大きな課題だといえるだろう。
　このような道祖神の多種多様な祭祀形態とその性格について、今日までまだ定説はない。ただいえることは、道祖神は、性信仰や男女の和合、あるいは防衛神という性格のみで理解できるものではない。このようなきわめて複合的な性格と雑多な伝承を有する点こそが、日本の民間信仰の特質であるといえるのかもしれない。

28 ❖ 節分と鬼

追儺に由来する節分行事

二月初旬には節分行事が行われる。京都では、節分に家族で豆まきを行い、その後数え年プラス一個の豆を食べるという慣習があった。筆者の家では、豆を食べた後、それと同数の豆を再度選り分けて家族全員分の豆を半紙に包み、家族がそれぞれ身体の悪い個所を撫でた記憶がある。これは身体の病んだ部位を撫でることで、それを豆に託すことを意味していたのだろう。その後、家族の痛みや病あるいは災厄が移された豆は、鴨川へと流された。懐かしい思い出である。

そもそも節分とは、もとは立春・立夏・立秋・立冬それぞれの前日を指す用語である。その意味では、節分は一年に四回あることになるが、立春が古くは年の始まりと考えられていたことから、その前日である節分がもっとも重要視されるようになり、今日では、節分といえば新暦二月初旬の立春の前日を意味するようになった。

今日の節分行事は、平安時代から宮中で行われていた「追儺《ついな》」に由来するといわれている。追儺はもとは中国伝来の行事で、大晦日に行われていた疫鬼を払うことを目的とした行事で、「鬼やらい」などともよばれた。追儺がもとは年の瀬の行事だった名残として、今でも大晦日に豆まきを行う地域が残っている。

節分の諸行事は、季節の隙間である時期に、人間たちに襲いかかる目に見えない疫鬼や、さまざまな災厄を払うために行われてきたものである。節分には「福は内、鬼は外」という掛け声とともに家の内外へ豆をまき、イワシの頭に柊《ひいらぎ》の葉を刺したヤイカガシとよばれる呪物を戸口に掲げる習慣が伝えられている。京都では吉田神社、八坂神社、松尾大社、あるいは鞍馬寺、壬生寺《みぶでら》、廬山寺《ろざんじ》など多くの社寺で節分祭が行われている。

吉田神社の節分祭は、本宮と大元宮《だいげんぐう》で三日間にわたって行われる。中心をなす追儺式は、節分前日の夕刻に本宮で行われる。平安時代より宮中において行われてきたものを古式に則って再現したものである。大舎人《おおとねり》が黄金四つ目の仮面を被って「方相氏《ほうそうし》」に扮し、小童を多数従え、陰陽師《おんみょうじ》が祭文を奏

方相氏（写真の右、京都市吉田神社の節分祭、写真:三宅徹氏提供）
方相氏は目に見えない疫鬼を祓う役割を担う存在で、強敵と戦うために恐ろしい形相の四つ目の仮面を被っている。

す中、方相氏が大声を発し盾を三回打ちながら舞殿をめぐる。最後に殿上人が桃弓で疫鬼を追い払う。鞍馬寺でも節分当日に方相氏が登場する本格的な追儺式が行われている。また廬山寺では、赤・青・黒の三匹の鬼が登場する追儺式鬼法楽が行われる。

追儺式に登場する方相氏は、本来は目に見えない疫鬼を払う役割を担う正義の味方で、強敵と戦うために恐ろしい形相の四つ目の仮面を被り、最強の武装で周囲を威圧したのである。それがやがて、目に見えない疫鬼の存在が忘れられてゆき、恐ろしい形相の方相氏自体が鬼とみなされるようになった。考えてみれば、まったくもって気の毒な話である。

人を助けた鬼の伝承

ところで、節分の豆まきでは、多くの人たちが「福は内、鬼は外」と唱えるだろう。しかし日本には、豆まきで「福は内、鬼は内」と唱える土地がある。その一例が、青森県津軽地方の霊峰である岩木山麓にある、弘前市鬼沢という村だ。鬼沢には鬼神社が祀られている。そこでは鬼が御神体として崇められ、農業の守護神として人々の篤い信仰を集めている。この村に伝わる伝説では、この地域はもともと痩せた土地で、作物の実りが非常に悪かったという。そこへ岩木山から下りてきたという鬼が現れ、せっせと荒地を耕し始めた。村人は、これはただの鬼ではないと思い、開墾が非常に困難な状況であることと、農業用水がどうしても必要であることを鬼に訴えた。すると鬼は「それでは力を貸そう」と言い、その後姿を消してしまった。ところが翌朝になってみると、荒れ地を潤すかのように、一筋の水の流れが作られていた。村人たちはさっそくその水を田に引き、以後、その水はいかなる旱魃にも決して枯れることはなかったという。村人たちは大いに喜び、鬼に感謝するため神社を建立して鬼神社と名づけ、村の名称も鬼沢としたと伝えられている。

岩木山は古くから山岳信仰の対象として、津軽の人々にとっては神聖な山である。鬼沢の人たちを助けた鬼は、もしかしたら岩木山の山の神だったのかもしれない。あるいは特別な土木技術を持った山の民や石工《いしく》が、後に鬼に譬《たと》えられて伝承されてきた可能性もあるだろう。いずれにしても、岩木山の鬼は私たち人間の味方だったことは確かだ。

「鬼ごっこ」のルーツは追儺

そういえば、かつての子どもたちに人気の高かった「鬼ごっこ」も、近頃はあまり見かけなくなった。「鬼ごっこ」という語は近世末以降のよび方で、それ以前は「鬼ごと」「鬼わたし」などとよばれていた。この「コト」とは「ママゴト」の「ゴト」と同様に、「儀礼」や「まつり」を意味する。すなわち「鬼ごっこ」は「鬼を中心とした儀礼」あるいは「鬼のまつり」という意といえる。このことから、「鬼ごっこ」のルーツは追儺、すなわち今日の節分に行われる「鬼追い」に求めるという仮説が提示されている。先述のように、追儺では方相氏が疫鬼を追い回して追放する。そのイメージが民間に流布して、近年では家庭での節分行事で、お父さんが鬼の面を被って子どもたちに豆を投げつけられる役を演じるという現象まで生じさせるに至った。このような追儺の様子を子どもたちが遊びの中に取り入れたのが「鬼ごっこ」の始まりであるという。

ところで、鬼役の子に課せられた課題はだれかを捕まえて鬼を交代させせることにあり、それは大勢の中で自分だけが他の者とは異なる世界、つまり異界にいた状況から脱して、現世に帰還することをイメージさせる。逆に鬼でない子どもたちは、何とかして鬼にならぬように逃げ廻るのであり、それは異界へと導く鬼から逃れることを意味した。ここに「鬼ごっこ」の醍醐味があるのではないか。そしてこのような両者の緊張感が、この遊びの人気を支えてきたのであろうと考えられる。

29 ❈ 火の更新を意味する神倉山御燈祭

巨岩信仰の聖地

新暦二月六日、和歌山県新宮市にある神倉神社で「御燈祭《おとうまつり》」とよばれる勇壮な火まつりが行われる。このまつりは、かつては旧暦一月六日に行われていた奇祭で、新年を迎えるための「火の更新」を意味する民俗行事である。

神倉神社は、熊野三山の一社とされる熊野速玉大社の摂社で、標高一二〇メートルの神倉山山頂に鎮座し、天照大神と高倉下命《たかくらじのみこと》を祭神とする古社である。山頂にはゴトビキ岩とよばれる巨岩があり、古くから神が降り立つ磐座《いわくら》として崇められてきた。頂上に辿りつくためには、源頼朝が寄進したと伝えられる五三八段の、ほぼ垂直に近い急勾配の石段を登らなくてはならない。

神倉神社拝殿とゴトビキ岩（和歌山県新宮市）

神倉山は、日本神話に登場する神武天皇の東征と深い係わりのある場所である。一説には、神倉山は神武天皇が紀伊半島を回って大和へ入る途中に、はじめに上陸した際に登ったという「天磐盾山《あめのいわたてやま》」であるといわれている。この時に高倉下命が神武天皇に神剣を奉じ、この剣のおかげで神武天皇は軍勢を進めることができたとされ、やがて熊野と大和を征圧したと伝えられている。

また時代は下って平安時代になり、熊野信仰が隆盛してくると、神倉山のゴトビキ岩は熊野権現が最初に降臨した場所とされるようになり、このことから、神倉神社は「熊野根本神蔵権現」あるいは「熊野速玉大社奥宮」とも称されるようになる。

また、ゴトビキ岩に降臨した熊野権現は、その後阿須賀《あすか》神社を経て、最後に熊野速玉大社に鎮座したとされることから、神倉神社を「旧宮」、速玉大社を「新宮」とよぶようになったともいわれている。いずれにしても、古代には原始的な巨岩信仰の対象であったものが、平安時代に皇室による熊野詣《もうで》が盛んになると、参詣の記録にもその名がたびたび登場するようになり、以後、神倉山は修験者たちの修行場とされ、今日まで多くの人々の篤い信仰対象とされている。

火の更新を意味するまつり

神倉神社の御燈祭に参加できるのは男子に限られる。参加する者は「上がり子」とよばれ、まつりの七日前から厳重な精進潔斎を続けなければならない。その間に食することができるのは、白飯、白いかまぼこ、豆腐など白色の食物に限られる。また決められた海岸で、褌《ふんどし》ひとつで海水を被るという禊《みそぎ》をしなければならない。

まつり当日、上がり子たちは白襦袢《じゅばん》に白の鉢巻と頭巾、手甲脚絆《てっこうきゃはん》を着け、腰から腹にかけて荒縄を巻き、五角形の檜板にケズリカケを詰めた松明を持参して、まず熊野速玉大社に参拝する。その後阿須賀神社を経由し、神倉神社の本地仏とされる愛染明王《あいぜんみょうおう》を祀る真言宗妙心寺を経て、祭場の神倉神社

神倉神社の石段

に向かう。

ところで御燈祭には、祭礼の執行と警護を担う「介錯《かいしゃく》」とよばれる男たちが存在する。介錯たちは午前中に神倉神社に集合して、自分たちが持つ介錯棒を用いて餅を搗き、「カガリ御供《ごく》」とよばれる供物を調製する。介錯たちは背中に「神」の文字が記された白法被を着て、手には介錯棒を持ち、二メートルほどの迎火大松明を奉じて熊野速玉大社へ向かう。速玉大社での参拝が済むと、神職らとともに行列を組んで神倉神社へと向かう。一行は、群がり来たる上がり子をかき分けながら山頂の社殿へ登り、まず小松明に点火する。小松明が社殿に迎えられると、社殿の扉を開いて神饌を供え、祝詞《のりと》を奏上して御幣《ごへい》の一本を社殿に納めて扉を閉める。続いて迎火大松明に点火し、一旦石段途中の中ノ地蔵まで下る。

一方、上がり子たちは大松明の火を自分の松明に争って移し、山頂の社殿へと向かう。上がり子全員が境内に入るのを待って介錯が入り口の木柵を閉じると、境内は立ち込める火と充満する煙で、目を開けていることもできない状態になる。やがて午後八時頃、緊張が走る中、介錯が木柵を開くと、待ちに待った上がり子たちは松明を手に、一斉に垂直に近い石段を駆け下りて自宅まで一目散に走る。闇の中を駆け下る上がり子たちが手にする松明の火が、滝のような勢いで流れてゆく様子は「下り竜」とも称されている。

上がり子たちが神倉山を駆け下ると、やがて神職や介錯らも山を下って阿須賀神社に向かう。阿須賀神社では、神職が独特な所作をする奉幣神事を執り行う。介錯はここで解散となるが、神職らは再び速玉大社に戻り、神事を執行して、ようやく御燈祭は幕を閉じる。

この地域では、古くは御燈祭で神からいただいた聖なる火が自宅に届くまでは、家々では決して灯火を灯すことが許されなかったといわれており、その意味において、御燈祭は新年における火の更新を意味するまつりであると考えられる。

おけら火（京都市八坂神社、写真:星野佑佳）

浄い神火を持ち帰る

新たな年を迎えるに際して、家々の火の更新を意味すると考えられるまつりは、御燈祭以外にも多く見ることができる。たとえば京都では、大晦日に八坂神社（東山区）でおけら参りが行われる。これも正月の火の更新を目的としたまつりであるといえよう。ところで、多くの読者諸氏にとって「おけら」とはあまり聞きなれない言葉ではないだろうか。おけらはキク科の植物で、その根は胃腸薬に用いられる薬草でもあり、正月の屠蘇《とそ》にも入れる。おけらの若葉を餅に入れると疫気を払うという伝承があることから、近世後期になって疫病除けの信仰対象である八坂神社（近世では祇園社）の信仰と結びついて、大晦日のおけら参りの慣習が作られたものと考えられる。おけら火は鑚火式《さんかしき》で火鑚杵《ひぎりきね》を用いて産み出した浄火を、檜の削り掛けとともに神前に供え、大晦日におけら灯籠に移す。これを参詣者が吉兆縄でいただいて帰り、正月の火種として若水《わかみず》を沸かし、雑煮を炊いていただくと、一年間無病息災と伝えられている。

また、奈良の大神《おおみわ》神社で行われる「繞道《にょうどう》祭」も新年の火の更新を意図したまつりである。聖なるご神火が境内のご神火拝戴所に移されると、待ちかまえていた参拝者が先を争って持参の火縄に火を移し取る。このご神火はそれぞれの自宅に持ち帰られ、神棚のお灯明や雑煮を炊く火として用いられ、一年間の無事息災を祈るという。

火の更新は命の更新

ところで、江戸時代の記録には、おけら参りは「暗闇詣り」と「悪態祭り」と合体した形で行われていたことが記されている。これは大晦日の一定の時間、境内のすべての灯火を消し、真っ暗闇の中で、出会った者同士が罵詈雑言《ばりぞうごん》を叫び合うというもので、今日でも全国のいくつかの社寺で行われている。このような一見奇妙にも見えるまつりは、死と再生、換言すれば「生まれかわり」を意味していたのではないかと考えられる。

京都以外でも、栃木県足利市にある大岩毘沙門天では、大晦日から元旦にかけて「悪口《あくたい》まつり」が行われる。参拝する人々は、このまつりによって一年間に積もったうっぷんを発散し、すがすがしい気分で新年を迎えるのだといわれている。また茨城県笠間市泉の飯綱《いづな》神社でも、参詣人同士がお互いに悪口を言い合うという「悪態祭り」が行われている。

このように、昔の人たちは新しい年を迎えるにあたって、火の更新を行うとともに、死と再生の儀礼を疑似的に経験することで、「命の更新」をも実践していたのである。

30 ❈ 忌籠祭は天下の奇祭

「見るなのまつり」とよぶ奇祭

京都府南部の山城地域では、木津川を挟んで左岸には祝園《ほうその》神社（精華町）、右岸には涌出宮《わきでみや》（和伎座天《わきにますあめ》乃夫岐売《のふきめの》神社、木津川市）が鎮座する。この両社で、正月と二月に「忌籠祭《いごもりまつり》」（居籠祭）と称される奇祭が行われることを知る人は少ないのではないか。忌籠祭は「音なしのまつり」「見るなのまつり」といわれ、まつりの間は決して物音をたててはいけないといい、かつては鶏も他村へ預け、村人は風呂へも入らず、門口に蓆《むしろ》をかけて音が出ないようにしたと伝えられている。氏子たちにきわめて厳重なる物忌みが課されたこのまつりの起源とはどのようなものなのだろうか。

『日本書紀』によれば、三世紀の崇神《すじん》天皇の時代、皇子の武埴安彦《たけはにやすひこ》が朝廷に対して反乱をおこし、今

祝園神社　本殿（京都府精華町）

日の祝園の地で討ち取られた。ここで多くの兵士たちの首がはねられ、無数の遺体が溢れたという。それでその場所を羽振苑《はふり》（葬《はふ》り）と名付けた。それがやがて「葬」に「祝《はふり》」の文字があてられ、「祝園」と称されるようになったという。

武埴安彦は第八代孝元天皇の皇子で、妻は吾田媛《あがたひめ》である。崇神天皇十年九月二十七日条によれば、四道将軍のひとりで武埴安彦の異母兄の大彦命《おおびこのみこと》が北陸への派遣途中で不吉な歌を唄う少女に出会ったため、引き返して天皇にこのことを報告した。そして武埴安彦と妻の吾田媛の謀反が発覚する。武埴安彦は山背《やましろ》（山城）から、吾田媛は大坂から大和へと攻め入ったが、祝園の地で武埴安彦は矢で撃たれ死去した。これによって武埴安彦の軍は崩れ、半数以上

涌出宮の外観（京都府木津川市）

が首を斬られたと伝えられている。

この事件の後、当地域では疫病が大流行して死者が多数出た。それは武埴安彦が悪霊となってこの地に止まったためだとして、村人たちは春日大明神を勧請《かんじょう》して祝園神社を創建し、忌み籠ってその霊を鎮めたという伝説が伝えられている。武埴安彦の首は、木津川対岸の涌出宮まで飛んだともいわれている。すなわち両社の忌籠祭は、少なくとも武埴安彦の祟りを鎮めるという伝承と深く関わっているのである。

自然神信仰と予祝

まず涌出宮の忌籠祭の概要を紹介しよう。涌出宮では二月第三土曜日から日曜日にかけて行われる。神迎えを意味する「森まわし」、与力座《よりき》を中心とした

涌出宮の四ツ塚
御供を樫の葉に盛りつけて四ツ塚に供えた後、神主が明け方に四ツ塚を見て御供がなくなっていれば忌籠りの大願が成就したことを表わすという。

宮座衆《みやざ》による「門の儀」、「松明の儀」、「饗応の儀」、「お田植神事」と続き、最終の「御供《ごく》炊き神事」にて終了する。また、祭の三日間、神主が毎夜一カ所ずつの野塚に野道具のミニチュアを納めに行く。これを「野塚神事」という。これも他見を許さない神事である。野塚に納められた農具を持ち帰った家は豊作になると信じられており、必ず明け方までに誰かがもらってゆくという。

　また最終の「御供炊き神事」では、与力座の二人が白装束で御供炊きを行う。出来上がった御供を樫の葉に盛りつけ、神殿と涌出宮東側の四ツ塚に供えに行く。神主が明け方に四ツ塚を見に出かけ、御供がなくなっていれば「御供があがる」といい、忌籠りの大願が成就したことを表わすという。御供炊きの二人が明けの太鼓をたたきながら村内を回り、忌籠りが無事終了したことを知らせて祭は終わる。

以上のような涌出宮の忌籠祭の祭儀から、次のようなことがわかる。すなわち「森まわし」より、迎えられる神は山の神や田の神などすべて自然神であり、氏神信仰の基層には自然神信仰があったこと。また神社創建以前の祭場は「塚」であり、迎えられる神はまさに「四ツ塚」に依り着くものとされていたのであろう。さらに「野塚神事」より、この祭は少なくとも「新年の予祝儀礼」としての性格があることもわかる。

御霊が農耕神に変身

一方、祝園神社の忌籠祭は正月の申《さる》の日から始まる。基本的な祭儀は涌出宮とほぼ同様であるが、ここでは神迎えの儀礼を「風呂井の儀」と称し、神は井戸から迎えられる点が涌出宮と異なる。同日夕刻より氏子は忌籠りに入る。夜に世話方の古老たちが「もうでござい」の声を連呼する中、神主が真っ暗闇の中を、鈴を激しく鳴らしながら井戸の前に座して秘密の祝詞を読む。これによって神が降臨するのだという。

二日目の夕刻には「御田の儀」が行われる。大松明に火がつけられ、白い布で周囲を囲われた神主一行が御田に向かう。この時も「もうでござい」の声がかけられて電灯が消される。御田は神社から

祝園神社の風呂井の井戸

二キロほど北西へ行ったところにあり、「幸《こう》の森」とよばれている。御田では松明持ちが模擬的に農具で田を耕して五穀の種を蒔く。神主はそれを見届けてから神事を行う。この儀礼は秘儀とされていて他見は決して許されない。

また三日目の十五時頃、氏子によって綱引きが行われる。三回勝負を行い、行司は神主が務める。綱は竹で作られ、中央に竹を曲げて輪にしたものがあり、これは武埴安彦の首であると伝えられている。終われば綱とした竹を武埴安彦が斬首されたという「出森《いずもり》」まで運んで燃やす。翌日の早朝四時頃、神主が明けを告げる太鼓を打ち、これで忌籠祭が明けて氏子たちは日常に戻る。

以上のような祝園神社の忌籠祭の祭儀から、次のようなことがわかる。すなわち「御田の儀」より、これは明らかに神が御田へ渡御して氏子の農作業を見守り、豊饒をもたらすことを期待した予祝儀礼である。また「幸の森」はもとは「神の森」だったと思われる。この場所は涌出宮の「四ツ塚」と同様の、神の依り付く座であったと考えられる。また「綱引き」より、ここでは武埴安彦の伝説が生々しく生きており、焚かれる火は武埴安彦の鎮魂のための火であるとする伝承もある。

このように、祝園神社の忌籠祭では、神を井戸（地下）から迎え、火で鎮魂し、かつ武埴安彦の伝説が色濃く残ることからも、ここで祀られる神は御霊《ごりょう》的な荒ぶる神であったと思われる。しかし丁重に祀られることで、やがて氏子たちに五穀豊穣をもたらす農耕神へ変身してゆくという性格がよく読み取れるといえるだろう。

あとがき

本書において、日本各地のさまざまな民俗信仰や年中行事、あるいは人々が古くから伝えてきた慣習や伝承を紹介してきた。筆者がその中で改めてわかったことは大きくふたつある。

そのひとつは、私たちの国には古くから想像以上の数の神や仏がいて、科学技術が極度に発達し、世の中のほとんどの事柄が科学的に解明できる今日でさえ、なお人々はことあるたびに、これら数知れない神仏に縋り、祈り続けているということである。そう考えると、日本人はきわめて信心深い国民であるといえるだろう。人々が祈り崇める神や仏たちの多くは、まさしく名もなき神仏たちだ。しかしだからこそ、人々はこのような民俗神を身近な存在としてとらえ、数々の願いをかけ、また祈りを捧げてこられたのではないかと思う。その意味では、日本の神や仏たちは、人々から見てはるか彼方の聖なる場所にいるのではなく、人々のくらしに寄り添うような存在であったのだろうと思う。

もうひとつは、日本では他国の宗教に見られるような「絶対悪」は存在しないということである。たとえば、人々に恐れられる鬼も、必ずしも人間に災いをもたらすだけの存在ではない。逆に人々に恵みをもたらすとする伝承は各地から聞くことができる。日本では、鬼は常に両義的・多義的な性格を有している。また日本の神々は悪鬼たちを改心させ、人々の助っ人となる鬼を生み出す霊力を有していたとも考えられる。悪をなしたがゆえに神々によって討伐された鬼たちも、最後は祀られる対象となる。ここに日本独自の神観念の特質がうかがえるのではないだろうか。

このような具体事例は本書の中でもいくつか紹介したが、たとえば、ほとんどの日本人が知っている桃太郎の昔話の中にも垣間見ることができる。一説によれば、桃太郎が退治した鬼は、吉備《きび》国で悪事を極めていた「温羅《うら》」という、朝鮮半島からやってきた百済《くだら》の王子で、朝廷から派遣された吉備津彦命に退治された。それが桃太郎伝説の起源だといわれている。温羅は首をはねられても唸り声を上げ続け、吉備津彦神社の御釜殿の下に埋められても、なお唸り声は続いた。ある日、困った吉備津彦の夢に温羅が現れ、妻である阿曽媛に神饌を炊かしめれば、温羅自身が吉備津彦命の使いとなって、以後は吉凶を告げようと答え、今日でも行われている「鳴釜《なるかま》神事」が始まったと伝えられている。実際に吉備津彦神社では、祭神の吉備津彦命と同じ社殿の中で、温羅も祀られている。これなどは、悪の象徴であった鬼的存在が、神の霊力によって変身を遂げ、かつ祀られることで、人々の役に立つ存在へと変化した格好の例であろう。

本書に掲載した写真に関して、写真家の井上成哉氏、出水伯明氏、三宅徹氏、祇園祭綾傘鉾保存会の橋本繁美氏、京都市文化財保護課の福持昌之氏には、撮影から写真の提供までたいへんお世話になった。この場をお借りして心よりお礼を申し上げたいと思う。また本書の企画・編集から刊行に至るまで、淡交社編集局の井上尚徳氏には大層ご尽力いただいた。心よりお礼を申し述べたい。

最後に、本書の執筆を通して、日本はまさしく神仏に守護された国だということを再認識することができたことを、たいへんうれしく思う。

早春の研究室にて　八木　透

二〇一九年三月

参考文献一覧

五来　重『宗教歳時記』角川書店　一九八二年
今堀太逸「仏名会と御身拭式」(『仏教行事歳時記十二月　除夜』第一法規　一九八九年)
倉石忠彦『道祖神信仰論』名著出版　一九九〇年
岩田英彬『京の大文字物語』松籟社　一九九〇年
植木行宣『山・鉾・屋台の祭り』白水社　二〇〇一年
八木透編『京都の夏祭りと民俗信仰』昭和堂　二〇〇二年
八木透編『京都愛宕山と火伏せの祈り』昭和堂　二〇〇六年
山路興三『京都芸能と民俗の文化史』思文閣出版　二〇〇九年
高田照世『祖霊と精霊の祭場』岩田書院　二〇一二年
八木　透『京のまつりと祈り―みやこの四季をめぐる民俗』昭和堂　二〇一五年

八木　透（やぎ　とおる）

1955年京都生まれ。
同志社大学文学部卒業、佛教大学大学院博士後期課程満期退学。
専攻：民俗学。博士（文学）
佛教大学歴史学部教授、世界鬼学会会長、京都民俗学会会長、公益財団法人祇園祭綾傘鉾保存会理事、京都まつり・文教協会代表理事、京都府および京都市文化財保護審議委員ほか、多数歴任。
〈主要著書〉
『婚姻と家族の民俗学的構造』（2001年、吉川弘文館）
『図解雑学こんなに面白い民俗学』（共編著、2004年、ナツメ社）
『男と女の民俗誌』（共著、2008年、吉川弘文館）
『新・民俗学を学ぶ』（編著、2013年、昭和堂）
『京のまつりと祈り』（2015年、昭和堂）他、多数

日本の民俗信仰を知るための30章

2019年6月15日　初版発行
2024年11月8日　3版発行

著　者　八木　透
発行者　伊住公一朗
発行所　株式会社 淡交社
本社　〒603-8588 京都市北区堀川通鞍馬口上ル
営業　075-432-5156　編集　075-432-5161
支社　〒162-0061 東京都新宿区市谷柳町39-1
営業　03-5269-7941　編集　03-5269-1691
www.tankosha.co.jp
デザイン　鷺草デザイン事務所＋大津トモ子
印刷・製本　亜細亜印刷株式会社

ISBN978-4-473-04321-4